能源企业管理协同与创新

主　编：杜　强　刘奇林　刘　燕
副主编：刘曼琴　唐　瑜　邓启志

天津出版传媒集团
天津科学技术出版社

图书在版编目(CIP)数据

能源企业管理协同与创新 / 杜强, 刘奇林, 刘燕主编. -- 天津 : 天津科学技术出版社, 2023.11
ISBN 978-7-5742-1668-6

Ⅰ. ①能… Ⅱ. ①杜… ②刘… ③刘… Ⅲ. ①能源工业 - 工业企业管理 - 研究 - 中国 Ⅳ. ①F426.2

中国国家版本馆CIP数据核字(2023)第208477号

能源企业管理协同与创新
NENGYUAN QIYE GUANLI XIETONG YU CHUANGXIN

责任编辑：刘　磊
责任印制：兰　毅

出　　版：天津出版传媒集团
　　　　　天津科学技术出版社
地　　址：天津市西康路35号
邮　　编：300051
电　　话：（022）23332399
网　　址：www.tjkjcbs.com.cn
发　　行：新华书店经销
印　　刷：河北万卷印刷有限公司

开本 710×1000　1/16　印张　15.5　字数　210 000
2023年11月第1版第1次印刷
定价：88.00元

编委会

前　言

随着当今社会信息技术水平的提升速度不断加快，国家经济与社会也随之得到快速发展，数字化转型已经成为各产业应对当前社会经济发展大环境所必须做出的选择，企业数字化管理协同与创新则是企业完成数字化转型的一个重要标志，能源企业自是如此。但是，企业在日常生产运行过程中，切实做到数字化管理协同与创新却并非易事，虽然云计算、大数据、区块链、人工智能及移动应用等新技术层出不穷，但是将其有效应用于数字化管理协同创新平台的建设之中则是一项系统工程，能源企业固然如此，本研究正是在此宏观背景之下提出。本书共由以下八部分组成：

第一章主要分析能源企业数字化管理协同平台建设与应用的大背景，明确数字化转型作为能源企业全面建设与应用数字化管理协同创新平台的根本原因，对能源企业始终高质量发展态势，最终实现可持续发展的关键。同时还针对数字化转型的大趋势和基本驱动因素进行深入剖析，从而突出本研究的时代意义。

第二章作为理论基础部分，主要通过对协同管理理论、创新理论、创新理论的全面论述，将应用于能源企业的相关理论进行探讨，由此确保本研究具备坚实的理论基础。

第三章主要通过数字化协同管理平台框架，以及数字化协同管理平台建设的侧重点两方面的探索，将数字协同管理平台进行具体论述，以此来保证能源企业数字化管理协同创新平台建设的基本架构保持高度清晰。

第四章主要将当前能源企业协同管理的具体案例加以阐述，并将应用效果进行全面评估，同时将成果中的优势与潜在提升空间加以明确，以此确保在当今时代背景下，能源企业数字化管理协同创新平台的构建与应用效果可以达到最佳。

第五章主要立足协同创新的理念与框架、协同创新实施管策略、协同创新的效果评估、能源企业协同创新案例分析，明确能源企业在寻求管理协同与创新道路中已经采取的策略，并且将策略本身所取得的成就予以充分体现，为不断深化能源企业管理协同创新平台的建设积累成功经验。

第六章主要立足当前川西北气矿管理协同创新平台建设与应用所取得的成就，将当前能源企业数字化转型道路中所要面临的挑战进行深入分析，并且有效提出具体策略，从而确保当前川西北气矿管理协同创新平台建设与应用能够拥有明确的方向。

第七章主要从技术层面出发，将技术进步对协同与创新的影响进行深入分析，明确新技术的广泛应用能够为能源企业管理协同创新带来怎样的推动力，并且结合当前川西北气矿在数字化管理协同创新平台建设与应用情况，充分表明新兴技术对企业生产运行已经带来较为直接的推动作用。

第八章主要针对未来能源企业管理的协同与创新的趋势，以及研究与实践的方向进行论述，同时对本研究的专业性和限制性因素进行客观分析，进而为广大学者和相关从业人员的未来研究与探索指明方向。

目 录

第一章　引论

伴随时代发展速度的不断加快，信息技术水平正在以飞快的速度不断提升，为社会经济和其他领域实现高质量发展提供了重要支撑作用。在该时代背景下，奔向数字化已经成为各领域发展的最终目标，其中完成数字化转型也成为当下各领域在探索可持续发展道路中的一项重要任务。在此期间，生产过程的数字化体验和运行过程的数字化管理也成为重中之重，这显然对当今社会经济和其他领域的全面发展有着重要的意义、价值、影响，本章内容就以此为中心做出系统性论述，从而充分说明数字化转型作为新时代推动中国产业经济发展的重要力量。

第一节　数字化转型的意义和价值

随着国家供给侧结构性改革的不断深化，去杠杆、去库存、去落后产能的力度正在不断加大，为各领域优质资源开发和科学配置指明了方向。在该政策背景之下，企业探索数字化转型之路，并且高质量完成数字化转型已经成为未来可持续发展的必然选择。其间，企业生产运行过程的数字化转型是有效去除落后产能和提质增效的关键所在，而这也正是数字化转型对企业发展的重要意义和价值的有力诠释。本节内容就以此为立足点，将数字化转型对企业的意义，以及企业数字化转型的价值加以系统性论述。

一、数字化转型对企业的意义

所谓的“数字化转型”，其实质在于数字化转换和数字化升级的基础上，进一步触及运行过程最核心的部分，因此“数字化转型”通常指向于企业发展。而在企业实现数字化转型的道路中，其管理模式必然会发生根本性的改变，具体表现就是以人力资源为主体的管理方式必然会发生改变，形成以技术服务为主导的生产运行管理新方式，确保企业生产运行全过程始终保持在高度自动化和智能化状态，并为企业生产运行实现高质量和高效率发展目标提供重要保障。

（一）促进企业市场竞争力的全面提高

当今时代是科技创新的时代，人工智能、大数据、物联网等新兴技术的出现，对国家各项事业的又好又快发展带来不可替代的推动作用。其间，各行各业的生产方式和运行模式也在悄然间发生着变化。企业，作为社会经济发展的核心力量，在科技创新的时代背景之下，显然要高度适应时代发展大环境，满足市场需求的同时，还要做到高度适应市场环境所发生的变化。除此之外，在当今时代大背景下，中国的人口结构和消费习惯也发生了明显变化，直接影响了消费市场和产业结构的变化。在这样的时代背景下，企业的生产与运行固然要与市场需求和变化保持高度适应，让生产运行的全过程更加具有灵活性，而数字化转型不仅可以让企业更深层次地探索市场，更有利于企业有效提高生产质量和运行速度，确保企业生产运行过程的高效率的同时，助力企业提高市场份额。这无疑是企业市场竞争力全面提升的重要表现，更是企业未来始终保持可持续发展状态的关键条件所在。

（二）确保企业生产运行的成本得到有效控制

从企业发展的角度来看，数字化转型的最终目的就是在于生产运行成本能够实现有效降低，让资源浪费的空间能够得到最大限度缩小，增加企业收益，从而促使企业生产运行的效率实现最大化。在这一过程中，云技术的全面应用已是必然，能够对企业生产运行成本的有效降低提供重要的技术保障。具体而言，云计算、云存储、云共享作为企业数字化转型道路中的重要技术支撑条件，企业只需要明确生产运行过程中的切实需要，就能够第一时间获得相应的业务数据，并且数据本身的准确性和客观性较高。企业根据这些数据及时做出系统性分析，从中可以找出生产运行过程的优势条件和制约因素，以此为依据做出及时调整必然可以确保企业生产运行过程减少不必要的流程，这样人力、物力、财力资源能够实现有效优化和配置，减少资源的浪费。同时，生产运行流程的全面优化自然也会提高生产运行的速度，让时间成本能够得以有效控制。

（三）促进企业生产运行效率的有效提高

在未实现数字化转型之前，企业的生产运行流程往往需要通过人工来制定，并且普遍以手工操作的形式来完成各项任务，随着企业生产运行规模的不断增大，所需要的人力资源也会不断增加，这样不仅会导致生产运行过程不能将出错率降到最低，更会增加企业生产运行的人工成本和时间成本。更重要的是，这样的生产运行模式并不能对全过程进行精准监控，也不能对生产运行流程的科学性与合理性做出客观分析。然而，在企业的数字化转型道路中，上述现象则会得到最大程度避免，生产运行的全过程会更加趋于自动化，所产生的信息会经过数字化处理，让每个环节的实际情况都能通过数据的形式体现出来，这样不仅可以最大程度上节省人工成本和时间成本，确保生产力和运行效率的全面提升，更能帮助企业针对当下生产运行的现实情况，以及行业内部的发展动态，将生产运行流程进行智能化分析，企业管理者可以根据数据系统所提供的建议，将企业生产运行流程予以科学优化，这样企业生产运行的效率自然可以始终保持在最佳状态。

（四）推动企业生产运行模式的创新与重塑

在企业生产运行的全过程中，各个环节之间必然会存在紧密的联系，甚至完全可以称之为牵一发而动全身，任何环节出现失误或效率的提升，那么处于上游和下游的环节必然也会随之出现连锁反应，这样就需要企业在生产运行过程中，能够通过理想的手段，让各个环节之间能够形成密切沟通和交流，从而确保企业可以最大限度避免生产运行过程中的潜在风险，网络连接显然是最为理想的选择，而这也正是企业数字化转型的初衷所在。在网络的连接过程中，企业内部生产与运行两个领域必然会通过数据紧紧联系在一起，数据信息的共享无疑成为各领域有效进行沟通和交流的方式所在，一旦数据信息出现波动，那么上游或下游的节点就会根据需要做出相应的调整，进而确保生产运行过程能够保持最佳状态。这样显然催生出具有颠覆性的企业生产运行模式，企业自身在发展道路中的利益和社会价值也会随之发生改变，企业未来发展的定位和方向也会随之发生变化，进而确保企业未来发展的可持续性得到不断增强。

（五）有助于企业生产运行流程实现再造

在数字技术加持之下，企业生产运行的流程会通过互联网形成相互交织，实现多方资源的系统性整合，让企业生产运行的全过程数据实现综合集成。在这一过程中，企业内部各级层、部门、个人之间会因为数字信息系统实现多边交流与沟通，这为生产运行流程的优化提供了理想前提条件。纵观数字化转型的企业生产运行流程，各级层、各部门、个人之间的信息沟通与交流往往需要通过上传下达的方式来进行，由于该过程耗时较长，内容相对较为复杂，因此各级层、各部门、个人之间的沟通交流的频率较低，这样就导致企业在生产运行过程中出现的某种情况不能让其他层级、部门、岗位工作人员及时了解，不仅会造成企业资源的浪费和风险难以得到有效控制，更会严重影响生产运行的效率。而企业实现数字化转型必然会让生产运行流程体现出数字化和智慧化的色彩，数据信息必然会让企业内部不同层级、部门、个人之间为了共同的目标而努力，这样既能确保生产运行过程得到有效精简，让企业生产运行过程在无形中保持效率的最大化。

（六）促进企业及时调整生产运行策略

企业在进行数字化转型的过程中，必然会要实现人才的复合型发展，即在生产运行过程中，数字技术人员要深入每个工作环节之中，了解生产运行的具体操作，之后为之设计一套相适应的系统，以此来保障生产运行全过程监管与控制，让生产运行策略能够得到及时调整。在这里，生产运行团队与技术团队之间会保持跨领域合作，前者主要保障生产运行的操作过程能够顺利进行，而技术团队主要负责为生产运行过程的顺利进行提供技术服务，助其能够最大限度提升生产运行效率。在此过程中，生产运行团队会根据技术团队的数据获取、处理、分析后所存储的结果，根据行业发展和市场需求的整体情况，有针对性地做出生产运行策略优化与调整，这对企业未来可持续发展和产业保持高质量发展状态有着重要意义。

二、企业数字化转型的价值

由于企业数字化转型作为当今乃至未来社会企业可持续发展，以及推动产业始终保持高质量发展的重要抓手，所以在当今企业生产运行过程中，管理者普遍将实现企业数字化转型作为一项核心任务。那么为什么说企业数字化转型对企业可持续发展，以及产业高质量发展有着至关重要的影响，这就需要从价值层面将企业数字化转型进行深入分析，具体如下：

（一）促进企业生产运行中信息流的透明度和即时性

在企业数字化转型的道路中，由于一切数据都会存储于重要数据库中，让数据本身的存储变得更加具有结构性和规范性，只要获得数据系统的授权，那么授权人即可轻松访问，这样显然可以促进数据信息的分发过程变得更加简单、方便、快捷。在数据有效分发至不同管理层负责人后，可以立足数据的分析结果，对企业生产运行的全过程做出科学决策，这样不仅可以确保决策本身的准确性和有效性，更能对企业生产运行全过程的未来发展方向做出科学研判，由此企业本身的生产运行效率和未来发展的可持续性能够得到充分保证。

（二）最大限度减少企业生产运行过程中的成本浪费现象

在企业数字化转型道路中，大数据、云计算、人工智能、物联网技术会全面融入其中，让企业本身的生产运行全流程的任务能够实现自动化处理，这样不仅可以确保企业人力资源的投入力度最大限度减小，充分降低企业生产运行过程中的人力成本和时间成本。另外，上述技术的充分应用还能确保资源调度的合理性和及时性实现全面提升（如生产材料、运行设备等），从而不仅在资源利用方面实现最大限度的节约，更能保证企业生产与运行的质量和速度。这样企业生产运行过程中的利润率自然会得到显著提升，对企业本身的可持续发展充分提供技术层面保障条件。

第二节　数字化转型的发展趋势和驱动因素

企业数字化转型已经成为当代中国经济与社会发展的必然之路，可是其全面完成需要经历一个漫长的过程。其间，随着数字技术发展进程的不断加快，企业数字化转型的道路也会存在诸多不确定性，会伴有新的发展趋势和驱动因素相继产生，这些显然都会对企业全面实现数字化转型带来直接影响。本节内容就围绕企业数字化转型的发展大趋势，以及转型道路中必然会存在的驱动因素进行全面分析，希望广大学者和企业管理者能够从中受到一定的启发。

一、数字化转型的发展趋势

在当今时代大背景之下，企业的数字化转型之路任重而道远，企业的数字化转型并非在一朝一夕中就能全面完成。并且实现数字化转型的企业还要在未来发展中不断对其成果进行深化，只有这样才能确保企业的未来发展更具可持续性，生产运行的高效率才能始终得到维持。对此，将企业数字化转型的发展趋势进行客观分析，希望可以为企业数字化管理协同创新的实现指明方向。

（一）“平台＋应用”将成为央企及大中型企业数字化转型IT建设新模式

所谓的“平台＋应用”模式，其实质就是通过平台为各领域的正常运行和发展提供服务，确保其正常运转的能力得到全面提升。其间，平台的应用过程需要进行资源的调用，以此来简化资源集成过程和管理过程，进而有效提升平台应用的敏捷性，促进平台应用实现快速迭代，而这也是未来数字化转型道路中数字技术的一个发展趋势。具体而言，在未来数字技术的发展道路中，数字平台的服务功能会愈加强大，而服务最终指向资源共享，同时也是数字技术的核心所在。企业在数字化转型过程中，对于生产运行的共性需求也会变得愈加抽象化，有效实现数据资源的共享也必将成为数字化转型道路中的普遍需求，“平台＋应用”模式可以有效满足企业所提出的这一迫切需求。

在此期间，确保生产运行过程的持续优化需要数字平台不断进行功能积累和更新，在系统组件方面也要做到始终接纳新的技术组件，确保可以成功接入企业生产运行服务管理系统，让生产运行环节能够实现科学而又持续地简化。这样就催生出了数字平台持续创新能力，让生产运行的过程持续打破边界感，实现数据资源的整合与共享，让平台成为企业生产运行流程始终保持高度简洁，助力生产运行全过程的相互协同，由此不断提升企业生产运行效率。

人们通常将数字平台划分为内部平台和外部平台两种类型，前者主要是以打破企业内部信息孤岛结构，呈现出规模化经营新样式的数字平台，该平台主要是通过数字功能、人工智能、数据挖掘技术来实现应用价值的最大化。而后者主要分为产业级平台和生态级平台，这两种平台都是以整合自身和其他相关产业资源，以为产业发展提供强大服务功能为基本任务，数字应用功能较为强大，能够确保产业内部或与其他产业之间的互利共赢。这些数据平台的构建显然都是以“平台＋应用”的模式为主体，最终确保生产运行全过程的协同性不断提升。

（二）“混合云”将在未来数字化转型中占据主导地位

随着数字时代的全面开启，早在2021年各行业、各组织、广大企业在生产运行过程中就已经开始采用“混合云”的方式，其目的就是要强化生产运行的安全管理和自动化管理，而这为“混合云”方式未来的进一步深化提供了理想契机，并且该生产运行管理方式也会在未来企业数字化转型中占据主导地位，本研究中主要提到的川西北气矿的未来数字化转型之路更是如此。在“混合云”方式的发展中，企业生产运行过程的5G技术、边缘计算技术、AI人工智能技术、云技术必然会实现高度融合。其间，5G技术和边缘技术可以让企业数据计算和数据存储能力变得更加强大，帮助企业能够实时观察企业生产运行过程的实际行动结果，并为之提供有效的实践指导。边缘计算能力和云技术的融合，可以让企业无论处于怎样的状态都能实现工作负载的正常运行，为企业生产运行过程提供强大的推动力。

混合云在企业生产运行过程中，对于成本的平衡和控制也发挥着特殊的作用，能够满足企业生产运行不同场景的切实需求。其中，通过传感器将企业生产运行过程的大数据进行有效分析，并且在故障预测方面也能够为之提供有效辅助，这些显然对有效控制生产运行的维护成本形成有效控制。另外，在混合云方式的开发过程中，会逐渐迈向自动化的生产运行管理这一新方向，针对生产运行的实施流程、资源调配、维护过程进行自动化管理，通过大数据分析给出最佳的解决方案，这对于企业生产运行全面实现高度协同化提供了有利条件。

（三）数据成为企业战略资源和企业数字治理的数字底座

企业在未来的数字化转型之路中，会将“数据”视为生命线，生产运行全过程的各项工作都会围绕数据来开展，其中包括数据监控、数据分析、数据决策等。这显然是数据治理的过程，而“数据”本身的底座作用也尽显无遗。

具体而言，企业在未来的发展过程中，不再只是关注某一方面的数据，而是关注企业生产运行周期的整体数据，并以此为基础进行全面而客观地数据分析，做出生产运行全过程的具体战略决策，让企业本身的数据资产、数据框架、数据应用变得更为清晰和完善，从而为企业建立数据仓库奠定坚实的基础。具体而言，企业在未来发展过程中，数据本身必须充分反映出资产、框架、应用的具体情况，并以此为中心将企业生产运行的战略决策予以科学制定和调整，这样企业在审查运行过程中的安全性、可靠性、高效性、低风险性才能得到充分保证，成本控制的效果才会达到最佳状态。

（四）人工智能将深入企业业务全流程

就当前中国科学技术发展的整体趋势来看，人工智能技术、机器学习能力、机器人过程自动化技术的发展已经呈现出了高水平，而这些先进科学技术在企业生产运行中的有效应用在未来也将会成为必然，以此来确保企业数据平台的应用能够适应更多的场景，助力企业生产与运行的全过程能够实现自动化和智能化，企业生产运行的效率势必会随之得到不断提升。

在未来，企业生产运行全过程为了实现将 AI 技术的智能型和混合云方式的便捷性充分发挥出来，企业必须将现有的多个系统进行编织，从而形成具有高度便捷性和敏捷性的生产运行系统，让数据中心能够实时捕捉生产运行数据、自行组织并分析数据、自动进行数据应用，力保企业生产运行过程的决策更为客观和准确，对企业生产运行的未来发展形成科学研判。在此过程中，人工智能显然发挥出自动获取、自动分析、自动应用数据的作用，让企业的数据潜能得到最大限度地释放，从而让企业自身能够重新树立起数字化形象。在这里，还需要注意的是未来企业的数字化转型依然会高度关注海量数据处理能力，其间提升数据获取和聚合的能力必然是企业生产运行实现高度协同的关键，而采用机器学习模型帮助企业不断深化数据获取、处理、理解与应用，将始终是企业未来数字化转型的大趋势。

二、数字化转型的驱动因素

随着信息技术水平的不断提高，人们日常生产生活方式正在发生颠覆性的改变，经济与社会的发展速度更是前所未有。而企业作为全面加快经济与社会建设步伐的中坚力量，适应时代发展需要，不断探索生产运行新模式自然成为确保自身可持续发展，以及推动中国经济与社会高质量发展的关键所在，数字化转型由此成为企业当下和未来发展的必由之路。然而，企业并非在一蹴而就中完成数字化转型，而是在各种驱动因素的协同作用之下逐步完成，以下内容就将企业数字化转型的驱动因素做出系统性论述。

（一）技术驱动

大数据技术的发展可以归纳为四个阶段，即：数据库期、探索期、发展期、普惠期，就当前而言，大数据技术已顺利经过发展期进入普惠期，广泛服务于各行各业的高质量发展，其价值更是不言而喻。其中，数字驱动决策更是大数据技术在当今时代的价值体现，为社会数字化转型提供着重要的技术驱动力，特别是数据仓库、数据湖、5G 技术、分布式技术相继走向成熟之后，大数据技术对全社会数字化转型的驱动作用愈加明显。所谓的“数据仓”，指的就是结构化数据的数据存储系统，该系统也是大数据技术的基本组成部分，但是在现代企业生产运行过程中，产生的非结构化数据、半结构化数据、多样性数据、高容量数据较多，所以“数据仓”并不能做到充分满足企业生产运行过程的某些场景。随之时代发展步伐的不断加快，处理大规模数据的技术应运而生，这一技术所具备的功能和能力才是人们口中所说的“大数据技术”，不仅能够满足企业生产运行过程中数据处理与存储的需求，更为企业数字化转型提供了重要推动作用。

随着时代发展步伐的不断加快，诸多电子设备逐渐在各行各业中普及，这也造成大量非结构化数据产生，为了能够让数据仓做到有效处理并存储非结构化和结构化数据，因此大规模数据处理技术加持下的数据仓出现在人们视野之中，即“数据湖”。该技术可实现数据的包罗万象，并且能够将其进行有效的分析与处理，这有助于对异构数据的价值进行深入挖掘。由于数据湖本身就是一种具有高度开放性的数据分析、处理、存储技术，不仅具有数据可靠性的特点，同时还具有资源优化和能力复用特点，因此可以对企业生产运行中的科学决策提供客观支撑条件，而这显然对企业和全社会的数字化转型发挥了重要驱动作用。纵观大数据技术发展所历经的各个阶段，不难发现始终是以时代变革为重要依托，时代前进的车轮不停就意味着大数据技术发展的脚步不会停歇，面对当下该技术发展已经取得的成果，可以判定未来该技术发展必将实现流批一体，所搭建的服务平台必将体现出多功能性，并且在社会和企业生产运行中所扮演的角色也会更加关键（具体如图 1-1 所示），这也必将会驱动全社会和广大企业加快数字化转型的步伐。

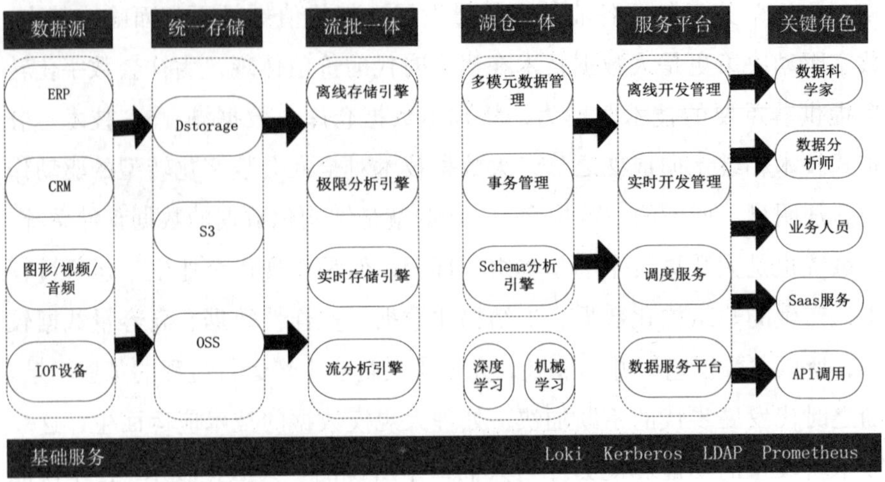

图 1-1 大数据技术下的数据分析、处理、存储、应用流程

云计算技术作为一种全新的计算模式，其技术原理在于将数据、软件、应用程序在云端进行存储，为相关领域实时提供计算资源。这种计算模式最大的优势就是能够让计算数据保持高度共享和高效利用状态，能够对企业和社会数字化转型提供重要的驱动作用。纵观云计算未出现之前的计算模式，不难发现各领域在计算数据的获取过程中，往往需要投入较大的人力和物力资源，这样不仅会造成各领域资源和时间的浪费，同时还严重影响各领域发展过程中的效率和灵活性。然而，云计算的出现不仅让各种信息技术整合起来，形成一个完整的 IT 系统，确保各领域在第一时间获得计算数据，这样不仅可以确保各领域更加了解当前现实情况，更能及时做出相关调整。与传统的 IT 系统相比较，不难发现云计算在进行数据处理的过程中安全性更高，因为该计算模式本身不仅具有高弹性的特点，同时还具有分布式和多备份的特性，这显然让数据本身可以有效避免安全威胁，让各领域的发展始终可以拥有可靠的数据资源，确保发展过程中的单点故障风险可以得到有效避免。更重要的是，云计算技术本身采用的是按需使用的计费模式，各领域在探索发展道路的过程中，只需要根据实际的需求情况，支付一定的相关费用就可以获得可靠数据，而这也意味着各领域只需要具备一套完整的云计算技术即可，所涵盖的个体不需要装备该技术，这显然能够让各领域的发展进一步控制成本，同时发展过程中的风险也会显著降低。

人工智能技术是各领域全面实现自动化、智能化、数字化管理，全面提高工作效率、降低成本、增强竞争力目标下的又一技术成果，该技术在当今社会各领域中的应用已经达到成熟，因此对于全社会的数字化转型有着重要驱动作用。具体表现在三个方面：一是推动各领域实现数字化管理。所谓的“数字化管理”，其实质就是通过数字技术和智能技术开展管理工作，从而确保各领域的工作效率和竞争力全面提升，同时能够将其成本实现科学控制，由此达到不仅减少工作时间和降低工作压力，更能达到提质增效的效果。除此之外，人工智能技术还能为各领域的科学决策提供客观依据，让生产运行的业务流程能够实现科学优化，从而对各领域未来的可持续发展提供重要保障条件。二是赋能各领域的数字化转型升级。众所周知，在当今时代背景下，去除落后产能已经成为全面推动各领域可持续发展的重要力量之一，其原因就是落后产能本身具有资源消耗大、成本投入高、工作效率低等劣势，这些落后产能如不加以改变必然会导致各领域未来发展逐渐失去竞争力，最终会被社会所淘汰。而人工智能技术则是以数字化技术为依托，强调各领域发展的自动化和智能化，不仅降低了资源消耗水平，更能让生产运行成本得到有效控制，大幅提升生产运行的效率，各领域的数字化转型升级也会在这一过程中全面完成。三是提升各领域的智能化水平。众所周知，各领域的发展离不开高质量的管理，而所谓的“高质量管理”则需要实时掌握发展过程中的现实情况，并且能够以最快的速度将其加以分析，在此基础上做出合理的调整与部署。在这里，第一时间主动识别和处理现实情况显然成为各领域高质量管理的必备条件，人工智能技术显然能够为各领域管理工作达到这一水平提供技术支撑，这也在无形中驱动着各领域开始向数字化转型。

（二）环境驱动

随着互联网技术和人工智能技术的迅速崛起，中国已经同时进入 5G 时代和人工智能时代，这也标志着中国在数据生产和数据质量方面已进入井喷阶段。根据国际数据（International Data Corporation）的研究（以下简称 IDC），可以推测在 2025 年，中国乃至全球数据生产总量将可以达到 163ZB，这与 2016 年国际数据统计结果相比，已经增长了 9 倍之多[①]。在 IDC 的数字白皮书中，还明确指出在 2025 年国际数据总量之中，消费者不再是数据生产的主体，更多的数据则是产生于企业，其数据生产量会占到国际数据生产总量的 60%，中国作为世界大国，在供给侧结构性改革大背景下，产业发展进程不断加快，数据生产的主体无疑也会由消费者转向企业。在这样的大环境之下，对中国企业的数字化转型提供了重要驱动作用。

从客观角度分析，企业自诞生之日起就伴随着数据的产生和处理，企业管理者通常要根据生产运行的数据报告来决策企业生产与运行。而企业发展初期往往数据生产和处理的过程较为简单，但随着时间的推移，企业生产的数据数量激增，要求企业数据处理的能力也会越来越高，单纯依靠原有的电子化设备显然难以完成，如庞大的监管数据、财务数据、供应链数据等，并且数据之间还伴随明显的相交叉等特征，电子化设备显然难以胜任这些数据的处理工作，如不加以改进必然会严重制约企业的生产运行。在这样的大环境和大形势趋势之下，企业显然要通过当今

① 陈徽因，李永刚．基于用户对象的数据资产价值评估方法总结与研究 [J]. 国有资产管理，2022(7):62-70.

已经研发出的大数据、云计算、人工智能等新技术，全面提高企业自身的数据处理能力，并且还要结合行业内部的数据共享，及时察觉行业发展的新动态，将企业生产运行的方案做出科学研判和有效调整，以此来充分减轻数据生产对企业生存与发展所带来的压力，使其实现高效生产运行。

在这里，需要特别强调电子化平台在企业大数据处理过程中的作用极为突出，其原因在于平台建设集大数据技术、云计算技术、人工智能技术于一体，强调数据捕捉、数据获取、数据分析、数据存储、数据应用、数据共享功能的高度协同，确保不仅可以为企业进行有效的数据处理，更强调能够为企业生产运行提供理想的结果反馈，并为之提供具有建设性的意见与建议。这样企业在获得数据结果的同时可以随之找出生产与运行过程中存在的薄弱点和创新方向，以此为中心加以有效地部署和调整势必会让企业重新回到理想的生产运行状态，确保企业发展的可持续性，这些功能和作用显然在以往电子设备中难以体现，在这样的环境之下必然会驱使企业加快数字化转型脚步。

（三）政策驱动

自古以来，新事物或新业态都不是凭空而来，而是在某些条件愈加成熟的情况之下，逐渐促进新事物或新业态生成，而这些条件通常被称之为“驱动因素”。针对企业的数字化转型而言，显然并非在一蹴而就的情况下实现，需要有诸多驱动因素协同作用之下才能完成。其中，政策驱动就是重要的驱动因素之一，以下就针对国家层面和地方层面将政策驱动因素进行深入分析。针对国家层面的政策驱动而言，具体如表1-1所示：

表 1–1 国家关于大力推进企业数字化转型的相关政策

序号	政策名称	发布机关	出台日期	核心内容
1	《中小企业数字化转型指南》	中华人民共和国工业和信息化部	2022–11–03	增强企业转型能力，面向中小企业，从开展数字化评估、推进管理数字化、开展业务数字化、融入数字化生态、优化数字化实践，按照“评估 – 规划 – 实施 – 优化”的逻辑闭环，科学高效开展数字化转型。
2	《中华人民共和国国民经济和社会发展第十四个五年规划和2035年远景目标纲要》	十三届全国人大四次会议	2021–03–14	央企、国企、老字号品牌等依托数字化再次焕发新的活力，无论是商业模式创新、渠道变革、数字营销还是用户运营等，数字化为众多企业带来新的业务增长点，开始从底层改变企业的运营管理模式。
3	《“十四五”信息化和工业化深度融合发展规划》	中华人民共和国工业和信息化部	2021–11–17	到2025年，信息化与工业化在更广范围、更深程度、更高水平上实现融合发展，新一代信息技术向制造业各领域加速渗透，范围显著扩展、程度持续深化、质量大幅提升，制造业数字化转型步伐明显加快。
4	《关于推进“上云用数赋智”行动培育新经济发展实施方案》	中华人民共和国国家发展和改革委员会和国家互联网信息办公室	2020–04–07	在企业“上云”等工作基础上，促进企业研发设计、生产加工、经营管理、销售服务等业务数字化转型。支持平台企业帮助中小微企业渡过难关，提供多层次、多样化服务，减成本、降门槛、缩周期，提高转型成功率，提升企业发展活力。

续 表

序号	政策名称	发布机关	出台日期	核心内容
5	《关于加快推进国有企业数字化转型工作的通知》	国务院国有资产监督管理委员会	2020-08-21	促进国有企业数字化、网络化、智能化发展，增强竞争力、创新力、控制力、影响力、抗风险能力，提升产业基础能力和产业链现代化水平。
6	《关于深化新一代信息技术与制造业融合发展的指导意见》	中央全面深化改革委员会第十四次会议	2020-07-08	加快推进新一代信息技术和制造业融合发展，要顺应新一轮科技革命和产业变革趋势，以供给侧结构性改革为主线，以智能制造为主攻方向，加快工业互联网创新发展，加快制造业生产方式和企业形态根本性变革，夯实融合发展的基础支撑，健全法律法规，提升制造业数字化、网络化、智能化发展水平。

纵观表 1-1 中国家层面的政策部署，可以看出国家关于企业实现数字化转型提出了一系列政策要求，并且对企业数字化转型同时做出了诸多重大战略部署。其中，在《中小企业数字化转型指南》中，明确指出企业在未来发展中要实现管理的数字化，确保企业生产运行的全过程能够始终保持数字化的监督、管控、调整，力求企业生产运行始终保持高效率。在《中华人民共和国国民经济和社会发展第十四个五年规划和2035 年远景目标纲要》中，更是提出企业生产运行全过程要保证模式的创新，生产运行管理模式要保持高度的开放性和系统性，从而加速中国生产制造业新业态的形成步伐。《“十四五”信息化和工业化深度融合发展规划》中，更是明确指出企业未来发展要以新一代信息技术作为支撑，并强调技术应用要向生产制造领域渗透，从而加快企业数字化转型的推进速度。《关于推进“上云用数赋智”行动培育新经济发展实施方案》则针对企业生产加工和运行管理方面的数字化转型提出明确要求，并对数

字化管理平台的建设提供强有力的政策支持，确保企业生产运行过程能够有效地将成本加以控制，提升企业生产运行效率。《关于加快推进国有企业数字化转型工作的通知》中，则明确指出国有大中型企业的数字化转型是全面提升企业市场竞争力，确保企业实现高质量发展，促进中国经济与社会可持续发展的必选之路，在探索企业数字化转型的道路中，应该从创新力、控制力、风险抵抗力全面提升三方面入手。而在《关于深化新一代信息技术与制造业融合发展的指导意见》中，明确指出企业数字化转型要以供给侧结构性改革作为基础，强调通过数字技术手段来实现生产方式和企业运行状态的改变，从而确保企业未来发展始终能够与时代发展大环境和大趋势相互一致。在上述国家政策的驱动下，各地方政府和有关主管部门立足当地产业发展实际情况，将生产制造业领域作为主抓对象，针对企业未来发展做出相关部署，并提供与当地产业经济发展高度契合的相关政策，驱动当地企业实现数字化转型。以下就以四川省为例，将全面加快企业数字化转型的相关政策加以列举，具体如表 1-2 所示：

表 1-2　四川省关于全面加快企业数字化转型的相关政策

序号	政策名称	发布机关	出台日期	核心内容
1	《四川省“十四五”数字政府建设规划》	四川省人民政府	2021-09-27	通过数据驱动政务信息化管理架构、业务架构和技术架构重塑，进一步优化调整政府内部的组织架构、运作程序和管理服务，全面提升政府经济调节、市场监管、社会治理、公共服务、生态环保等多领域的治理能力。

续　表

序号	政策名称	发布机关	出台日期	核心内容
2	《四川省“十四五”新型基础设施建设规划》	四川省人民政府	2021-09-08	推动区域统筹发展，发挥成都主干作用，创新开展新设施试验、新技术推广、新应用普及，引领带动全省新型基础设施提档升级。
3	《四川省加快发展工业互联网推动制造业数字化转型行动计划（2020-2023年）》	四川省推进数字经济发展领导小组办公室	2021-12-21	到2023年，工业互联网赋能传统产业效应凸显，成渝地区工业互联网一体化发展示范区建设成效显著，新模式、新业态大范围推广，融合应用广度、深度不断拓展，制造业综合实力明显提升。
4	《关于加快推动5G发展的实施意见》	四川省通信管理局和四川省能源局	2021-03-04	聚焦“5+1”现代工业体系重点领域，把握成渝地区双城经济圈建设和国家数字经济创新发展试验区重要机遇，加快推进5G网络设施建设，构建具有四川特色的5G产业生态体系，为成渝地区双城经济圈建设和四川高质量发展提供信息化支撑。

如表1-2所示，四川省在国家有关政策的指导下，关于确保企业适合产业经济发展大环境，全面推进全省经济与社会高质量发展做出了相应的政策回应。其中，《四川省“十四五”数字政府建设规划》中，明确指出政府要紧跟时代发展步伐，将实现数字化转型作为根本任务，以此确保为企业未来发展积蓄经验，并且政府还要全面加强数据监管和服务职能，力求能够为现代企业提供一个良好的生产运行大环境。在《四川省“十四五”新型基础设施建设规划》中，明确指出四川省要全面加强

数字技术创新、数字技术推广、数字技术应用普及工作，力保能够为四川省企业未来发展提供有力的硬件保障。在《四川省加快发展工业互联网推动制造业数字化转型行动计划（2020—2023 年）》中，明确强调生产制造业作为四川省支柱产业，企业发展的数字化不仅可以适应当今社会经济发展的主旋律，更能促进全省生产制造类企业的协同发展，最终可以开创出四川生产制造业发展新模式。而《关于加快推动 5G 发展的实施意见》则是四川省应对社会数字化转型大趋势所出台的基础性政策，其目的就是为全面推进四川省数字经济发展提供强大的网络技术支撑条件，从而为四川省产业经济的高质量发展提供基础性和技术性保障条件。这些政策文件的出台和落实，显然在无形中驱动着四川省生产制造型企业的数字化转型。

第三节　数字化转型对能源企业的影响和挑战

就当前时代发展的现实情况来看，数字化已经成为有效改善能源系统安全性、生产力、发展持续性的必然出路。可是，在当前中国数字化发展的大环境中，还依然存在新的安全风险和隐私风险。除此之外，由于能源市场、能源企业、企业内的工作岗位受到数字化转型的影响，其生产运行流程必然会发生相应的改变，跨领域和跨层级的相互协同必然是能源企业数字化转型所必须面对的事实，而当前中国能源行业发展大环境能否为能源企业提供上述支持将直接关乎能源企业未来发展，这些也是数字化转型对能源企业的影响和挑战所在。

一、数字化转型对能源企业的影响

从当今中国经济发展战略来看，全面推动数字经济发展已经成为中国未来经济发展的主要战略方向，更多领域的数字化发展也随之成为科技创新主攻方向。特别是自2021年起，国家相继出台了有关大力推动数字化转型的政策与规定，各领域数字化转型的速度更是随之不断加快，能源企业在该政策背景之下也随之开启寻求科技创新之路，一系列能源科技创新成果也相继出现，而这些科技创新成果的出现无疑加快了能源企业数字化转型的步伐，同时也对能源企业的未来发展带来巨大影响。

（一）能源生产与管理趋于智能化

在企业数字化转型的道路中，物联网技术和传感技术必然会广泛应用到能源企业生产运行全过程之中，可以确保企业各级管理者对能源生产和各领域运行过程进行无死角监控。这样不仅可以确保能源生产、运行、净化、配输过程的设备运行情况加以有效监测和控制，更能对各个细节做到及时优化和有针对性改进，全面提升能源企业生产运行的效率与安全性。除此之外，能源企业借助大数据技术和人工智能技术，不仅可以将企业生产运行全过程的数据进行有效分析，同时还能将生产运行系统进行自主升级配置，这不仅有利于能源企业进一步加深细化管理，更能确保能源企业“投入－产出”的转化效率全面提升。

（二）能源供应链实现数字化升级

区块链技术已经成为促进当今经济发展的重要信息技术手段，能够为不断完善产业生产链条和确保产品供应链系统完整性提供重要技术支撑。因此，区块链技术也是能源企业实现数字化转型必须具备的基本技术条件。针对能源企业而言，在该技术的应用过程中，企业可建立起可追溯并具有高度透明性的供应链体系，力保在生产运行过程中的原材料、设备、资源始终保持充足供应，从而形成能源企业与其他合作企业之间保持良好的协同运作，促进能源市场的供需平衡，从而降低其生产运行成本和风险。

（三）推动能源与电力市场的变革

众所周知，能源企业数字化转型的最终目的就是要实现全面提升核心竞争力，让企业自身在能源市场中始终保持可持续发展的姿态，并且对中国经济与社会高质量发展贡献一分力量。对此，在这个新技术加持的时代，能源企业数字化转型必然会催生出各种新能源和清洁能源，让新能源和清洁能源的电力转化上升到新高度，长此以往电力市场也会因当今能源企业的数字化转型发生变革，这对能源市场和电力市场的协同发展提供了重要的推动力。

二、数字化转型对能源企业提出的挑战

数字技术在当今时代重塑企业形象，以及重新界定企业与市场边界的过程中，依然还要面对诸多挑战。针对能源企业数字化转型而言，所要面对的严峻挑战主要包括三方面，一是要全面打破数据壁垒，二是要建立能源行业通用标准，三是要全面推进生产运行业务与数字技术的深度融合。以下笔者就立足上述三个挑战进行具体论述。

（一）通用行业标准的不完善依然会制约能源企业数字化转型进程

从数字技术的角度分析，当前能源企业数字化转型道路中，尚未有行业范围内通用的相关标准，如数字化转型流程、数据规范等。虽然一些能源企业在大力推进相关标准的建设，如国家电网有限公司就联合多家能源单位，共同开展能源大数据标准体系研制工作，中国南方电网有限责任公司则联合多家有关企业共同发布《新型电力系统技术标准体系研究报告》，将数字化相关内容做出了明确规定等。然而，这些标准显然并不能完全适用于能源行业内的所有企业，最终会对能源企业数字化转型的进程带来一定制约。具体而言，以能源企业生产运行设备安装为

例，由于不同企业所用的生产运行设备型号繁多，并且同一型号设备在不同工作场景下的应用要求也存在不同侧重性，如果没有健全而又统一的网络使用协议、大数据标准、技术应用流程，那么会导致生产运行设备之间很难保持相互协同。再者，针对能源企业生产运行系统开发人员而言，如果缺乏健全而又统一的行业通用标准，那么能源企业生产运行过程中所需要的电子产品就需要完全定制，这样也意味着能源企业实现数字化转型必须从零开始，数字化转型的成本自是不言而喻。除此之外，能源企业在进行数字化转型的过程中，如果缺少行业通用的数字规范，还会导致能源企业之间的数据互联互通受到严重限制，企业之间的海量数据不能得到充分挖掘，进而形成数据冗余的现象，数据本身对企业生产运行的要素作用自然难以充分发挥。

（二）资产专用性会严重阻碍业绩深度融合

能源企业数字化转型的根本要求中，已经高度明确实现数字技术与能源企业业务之间的全面融合，确保数字技术可以为能源企业在生产运行全过程提供强大的技术支持，然而资产的专用性恰恰是导致该要求难以实现的主要因素之一。在这里，资产的专用性主要表现为两方面：一是有形资产，二是人力资本。针对前者而言，指的就是能源企业具有重资产基本特征，拥有大量专用设备。广大能源企业在数字化转型的过程中，普遍都会尝试立足当前现有的生产运行设备进行数字系统开发，但是在实践中往往都会出现二者之间兼容性较差、与生产运行过程的发展难以保持深度融合的情况，能源企业生产运行一旦出现业务调整，或者生产运行设备的升级改造的情况，数字化系统不能与之快速进行迭代，而这也意味着有关技术人员需要重新开发一套与之相匹配的数字系统。针对后者而言，由于能源企业数字化转型必然会形成跨领域或跨界限的业务交叉，企业生产运行的过程变得更加复杂化和系统化，所以这也要求企业数字技术人员不仅要精通数字技术，同时还要充分掌握能源企业生产运行流程，真正做到可以正确操作生产运行过程中的数字化设备和平台，真正实现数字技术与生产运行过程的深度融合。但是人力资本显然是能源企业的重要资本组成，这种跨界协作往往在能源企业生产运行过程中难以实现。故而，“实现能源企业生产运行工作人员与数字技术人员之间的双向流动”就成为能源企业数字化转型道路中需要面对的又一项重要挑战。

（三）数据互通过程还在遭受网络安全风险的制约

在企业数字化转型的道路中，数据驱动是企业实现这一转型后的基本特征，也是最为显著的特征所在。但还有一点不可否认，网络安全风险对于打破企业数据壁垒，最终实现数据互通的制约作用较为明显，能源企业在数字化转型的道路中也要面对这一严峻挑战。就传统意义上的工业化体系而言，企业完全可以依靠行业内封闭的系统来维持自身的安全，但是随着互联网时代发展进程的不断加快，“高度开放”已经成为企业适应行业发展大环境所必须具备的条件，能源企业本身就是需要具备高度安全性和稳定性的特殊企业，在这样的时代背景之下显然为企业未来发展带来了诸多新的风险敞口，具体表现就是海量易购设备的管理，以及生产运行过程中的数据传输安全。具体而言，能源企业在数字化转型的道路中，大型设备内必然会嵌入传感器、数据、算法、知识产权等诸多至关重要的信息，这些数据信息显然具有较强的私密性，而当前国内在这一领域的监管依然有很多方面需要进一步完善，因此有效应对这些风险就成为能源企业在数字化转型道路中必须面对的另一挑战。

第二章　协同与创新理论基础

由于理论研究工作的全面开展就是要探明实践活动的可行性，同时找出影响实践活动走向成功的具体因素，所以理论研究可以为实践行动提供重要的指导作用，而这也恰恰是一切研究工作顺利开展的基础所在。针对能源企业管理协同与创新研究的全过程而言，显然要先找到必须具备的基础条件，而协同与创新理论基础正是必不可少的基础条件，本章内容就以此为立足点将相关理论基础做出系统性论述。

第一节　协同管理理论

“协同管理”的含义在于将局部力量进行合理排列组合，共同完成某项工作或任务的全过程。因此，这就需要各主体之间通过有效的管理手段来保持高度的协同状态，真正做到为了共同的目标各自都能贡献一分力量。而在实际操作过程中，自然需要协同学和管理学相关理论为之提供重要支撑条件，能源企业实现管理协同与创新自然也是如此。

一、协同学基本理论

协同学是由德国物理学家 H·哈肯所创立，主要研究的对象则是系统中各子系统之间存在的非线性相互作用所能够形成的协同效应，导致系统结构有序变化的自组织理论1也是协同管理理论的重要组成部分。在协同学中，其理论的系统性和复杂性更是不言而喻，做到将所有研究对象视为由组元和部分（或系统）构成的系统，这些子系统之间会通过物质、能量、信息的相互交换的方式形成相互作用，从而让各子系统形成具有整体性的效应或者一种新的结构。这样具有整体性效应的系统固然会具有某些新的性质，而这些新性质在某些微观子系统中也并不具备。

另外，在协同学基本理论的研究过程中，将研究的重点落在开放系统是怎样由原始均匀无序状态演化成有序结构，或者是怎样有一种有序结构逐渐演化为另一种有序结构。H.哈肯经过研究发现，无论是在平衡相变或非平衡相变过程中，系统在发生相变之前都会处于无序均匀状态，而保持该状态的原因则是在于系统中诸多子系统并没有形成合作关系，都是在不同的目标之下各自行动，且行动的轨迹并没有规律可言，这样就不能出现具有整体性的新质。如果，一旦系统被推到变相点，那么这些子系统就会在无形中获得某种指导，并快速建立起合作关系，在统一的目标之下有组织地进行协同行动，这样就导致系统整体宏观性质发生根本性改变。由此可见，“协同”就是指系统中的各个子系统协同工作，而协同效应则是复杂系统内各子系统的协同行为超出单个子系统的作用，并将这些作用进行有效聚合。

（一）协同学基本演化方程

在该理论中，强调通过定量化方法，对系统结构或行为的演化进行研究，其基本演化方程如下所示：

$$q=N(q,a)+F$$

针对不同的系统，字母“q”表示的是不同的参量，而参量本身既可

① 王进，李萍.人力资本参与企业剩余分配的理论探讨[J].经济问题探索，2002(11)：23.

以是微观量，又可以是宏观量。字母“a”则表示控制参量或者是外部参量，字母“f”则表示随机涨落力。变化模型中则包括“不同参量”和“不同阶导数的方程”，这也正是协同学中所称为的微分方程或微分方程组。通过以上论述，不难发现在建立系统结构或行为的演化方程过程中，选择能够描述系统的状态参量是关键一环，之后准确计算出状态变量对时空的依赖关系就可以明确系统结构的演化行为。

（二）协同学基本原理

在协同学基本理论中，主要包括三大基本原理，即不稳定原理、支配原理、序参量原理。哈肯认为，能否实现系统自组织关键在于序参量的多与少，其中涨落情况则在自组织系统结构的演化中发挥着至关重要的作用①。其原因在于系统结构的演化过程中，涨落是其诱因所在，没有涨落或涨落幅度较小，那么自组织系统就无法认识新的有序结构，这样就不会形成线性相干作用的关联放大和序参量，自组织系统的结构也并不能形成结构上的进化。

1. 不稳定原理

该原理向人们说明了一种模式的形成则标志着不再维持原有状态，这样模式就是具有不稳定性的模式。同时还向人们明确指出这种不稳定性往往具有一定的积极作用，完全可以充当新旧结构演替的一种媒介，该原理可以通过图 2-1 进行直观体现。

① 哈肯．协同学：自然成功的奥秘[M].上海：上海科普出版社，1988：53-54.

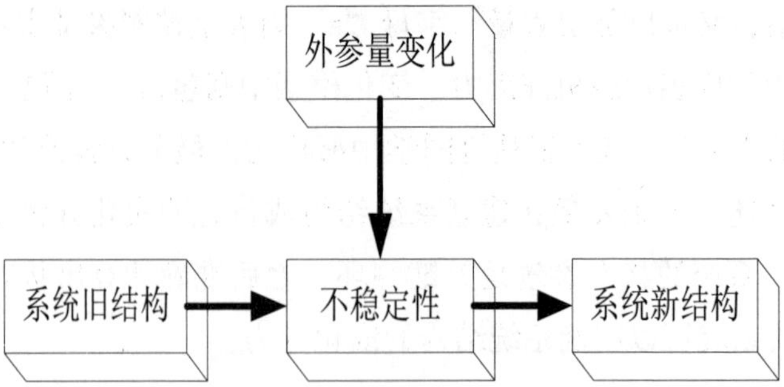

图 2-1　协同学不稳定原理

针对企业发展道路中的技术创新而言，固有的创新体系显然会因为影响创新的条件发生变化而变得不稳定，其中就包括新技术的产生、需求观念的变化，国家产业政策的调整等，这些都会直接推动企业形成一个新的并且具有稳定性的创新体系结构。

2. 支配原理

该原理主要涉及慢变量、快变量、支配三个基本概念，结合不稳定原理，在做到通过控制参量变化让系统达到线性稳定性受到破坏时，那么基本演化方程中所包括的变量可以根据其阻尼性质划分成两类：第一类是变量所联系的阻尼作用相对较小，另一类则与之相反。而在参变量达到临界点的一刻，第一类变量会随着时间的推移，逐渐降低变化速度，达到稳定状态的弛豫时间也会较长，这也被称之为慢变量。当慢变量接近临界点时，并不意味着立刻会出现衰减现象，反而会保持慢慢增长，这也代表不稳模型已经出现。而另一类变量助力作用相对较大，会以指数形式快速衰减下去，所以弛豫时间也会相对较短，这也被称之为快变量，这一现象的出现也意味着自组织系统中稳定模型已经生成。

通过以上对该原理的阐述，不难发现其核心思想在于自组织系统内部是由各种子系统和参量（或因素的性质）构成。一旦参量距离临界点较远，那么各自系统之间的差异性和不平衡性就会受到抑制，并不能得到直接体现。然而，当控制变量把自组织系统推过线性失稳点，并逐渐接近临界点时，那么各自系统之间存在的差异性和不平衡性就会充分凸显出来，这样自组织系统中的快变量和慢变量就会变得明显。其中，快变量较小就会左右自组织系统的演化速度，而慢变量则会对自组织系统的演化进程起到主宰作用。由此可见，支配原理中有序结构是由为数不多且缓慢增加的模型或者变量决定，所有的子系统都会受到这些模型的支配[①]。

3. 序参量原理

在该原理中，“序参量”是指无论作为什么系统，如果系统演化过程中，一旦某个参量出现从无到有，同时能够指向新结构的生产，那么这个参量就是序参量。结合这个概念，可以发现序参量所描述的就是系统整体行为的宏观参量。可是在序参量形成的过程中，并不是受到外部作用加强而形成，它本身是来自系统内部。其原因在于一旦多组分系统处于旧结构状态之下，那么诸多子系统就会出现独立行动，在各自运行的过程中并不会保持相互合作的状态，这样显然不会形成序参量。然而，一旦系统运作趋于临界状态时，其内部的子系统就会出现长程关联，从而建立起合作关系，这样各子系统之间就会在统一的目标之下开展行动，序参量也会在这样的行动中出现。通过以上对协同学中基本原理的阐述，不难发现运用上述基本原理研究能源企业协同管理系统的演化过程，有效识别协同管理系统的序参量，可以对能源管理协同的机制构建有着重要意义。

（三）协同绩效管理

所谓的“协同绩效管理”，其实质就是识别、衡量、传导、激励工作人员的一种方法，从而确保企业生产运行能力逐渐向预期目标靠拢的目的。在该方法中，不仅可以对管理对象进行有效定位，同时也会对企

① 顾君忠．计算机支持的协同工作导论 [M]. 北京：清华人学出版社，2002：52.

业进行定位。另外，还有一点需要得到高度明确，即：绩效管理作为企业全面提升核心能力的一种手段，其根本目的就是要让企业在生产运行过程中始终具有明显的竞争优势。就当前国内诸多企业生产运行的全过程来看，已经深刻意识到组织开展绩效管理工作的重要性，并且在其实践过程中也逐渐增加对绩效管理工作的投入，但是由于行之有效的绩效管理手段和管理体系完善度较低，所以在全面实施绩效管理的过程中，成功案例并不多，由此也导致绩效管理工作普遍停留在纸面上。在这里，还有一个原因较为重要，即：企业组织绩效管理并没有形成一个具有整体性的概念，而这个概念就是“协同绩效管理”。

就现代企业管理工作的特点而言，由于组织体系具有复杂性和系统性的特点，所以导致管理工作的难度较大，同时面对当前严峻的竞争环境，将复杂而又系统的管理工作有条不紊地运行下去自然成为企业全面提升生产运行效率，以及增强企业市场核心竞争力和综合竞争力的关键所在。在这样的时代大背景和市场大环境之下，大型企业组织内部的各企业、各部门、各岗位之间形成紧密的联系，并且能够通过紧密联系将其作用最大限度发挥出来就成为关注的焦点。在这里，组织内部的企业或部门在进行战略、战术的制定过程中，不仅需要从自身的利益角度出发，还需要从组织整体层面出发，考虑当下和未来发展的有关问题，这样也要求组织战略决策的方式发生颠覆性改变，必须采用跨企业的协同管理战略进行企业管理。其间，企业和下属企业必然会面临组织内管理与跨组织协作两个严峻考验，信息沟通自然成为确保组织内部各企业、部门、岗位实现协同应用，以及资源整合的关键所在，最终实现企业生产运行效率的持续提升。对此，根据企业战略目标制定协同计划，并且将企业资源进行有效优化配置、实现组织战略目标、培育和形成核心竞争力、获得更多持续竞争优势就成为重中之重①。

在绩效管理工作通常是以一个完整的流程呈现在人们面前，这个流

①H. 哈肯 . 协同理论与应用 [M]. 上海：上海人民出版社，1987:135.

程也会以一个循环的形式出现，进而确保管理对象能够逐渐完成企业发展所制定的目标。其中，主要由五个步骤组成：第一步为绩效计划，第二步则是绩效实施，第三步为绩效考核，第四步为绩效反馈，最后一步则是绩效结果的应用，而确保这五个步骤之间的相互协同自然就形成协同绩效管理。在这里，需要通过计算机技术将企业组织内的所有部门绩效管理业务和相关业务进行集成，从而形成一整套可以帮助企业组织和内部所有部门实施绩效管理的具体方案，以及提升组织和部门绩效的系统①。该系统可以助力企业组织内部有效进行绩效计划的制定、绩效实施、绩效考核、绩效结果应用五个方面的相互协同，让各部门可以在企业发展战略目标之下有条不紊地开展各项活动，并最终形成部门协同的工作方式。另外，还有一点需要加以强调，即：协同绩效管理最终的目的就是企业组织内部各部门的目标能够与企业战略发展目标相互一致，让企业组织范围内的所有资源都能够得到科学的配置与利用，并且可以做到部门之间始终保持资源共享和工作协同的状态，而这是企业本身全面提高市场核心竞争力的重要表现②。

综合以上观点论述，可以看出协同绩效管理的最终目的在于让企业组织各层绩效和整体绩效水平能够得到有效优化，让企业运行与发展的过程中始终能够保持强大的市场竞争力。对此，在协同绩效管理的全过程中，既要包括协同绩效管理平台的构建过程，又要包括基础平台、服务平台、下属企业（部门）服务系统、企业战略执行平台、组织及下属企业（或部门）目标库、各类资源信息库、关键绩效指标库、考评专家库、绩效数据库等信息系统的建设，由此确保企业能够在统一的战略发展目标指向之下保持协同办公状态。

---

① 张保国 .360 度绩效评估的实施与思考 [J]. 中国人力资源开发，2002(5)：44-45.

② 张铁男，李晶蕾 . 对多级模糊综合评价方法的应用研究 [J]. 哈尔滨工程大学学报，2002,23(3):132-135.

二、绩效管理理论

（一）基本概念

1. 绩效的含义与特点

所谓的“绩效”，就是根据具体的工作性质，体现工作完成或职务履行的最终结果。也就是说，就是个人或部门对组织所做出的贡献，或者是对组织发展所体现的价值。结合上述含义，不难发现个人或者部门的绩效是指其具体的工作行为和结果，是对组织贡献大小的直观体现。在企业中，个人或部门的绩效通常不仅可以反映其工作数量、工作质量、对企业发展的其他贡献等，更能反映个人或部门在职责履行方面，以及完成工作任务过程中所取得到各项成果。结合以上论述，可以总结出企业个人或部门的绩效具有多因性、动态性、多维性三个基本特点。

多因性特点主要体现在企业内部个体或部门的绩效往往会受到技能水平、激励机制、工作环境等多方面影响。动态性特征则主要体现在由于绩效只是在规定时间段内工作情况的具体反映，所以在工作过程中个人或部门的绩效往往也会呈现出波动。而多维性特点主要体现在虽然绩效是个人或部门工作最终结果的集合，但是个人或部门工作或运行过程的具体表现却呈现出不同维度，所以在考核与评价个人或部门的绩效应该从多个维度和多个方面进行考虑。针对企业生产与运行而言，绩效可以划分为三个层次，即：组织绩效、团队绩效、个人绩效①，彼此之间的关系如图 2-2 所示：

① 王核成，许水龙．管理人员的综合测评方法研究 [J]. 华东经济管理，2001(2):40-42.

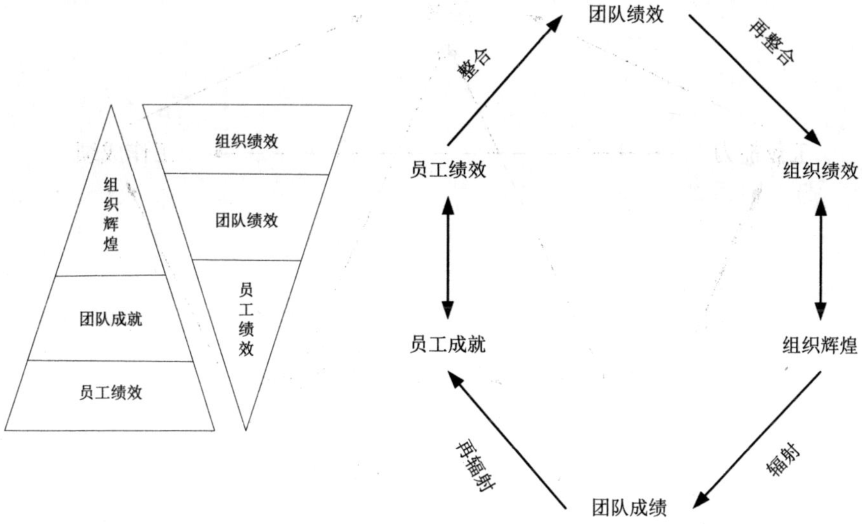

图 2-2　企业绩效层次图

如图 2-2 所示，左侧正三角与倒三角的对照图案中，后者是以企业发展为主体思想的绩效层次，揭示了如果企业没有收益，那么个人或部门就不会有回报。而前者则是以个人或部门为主体思想的绩效层次，揭示了在企业绩效的构成之中，其来源就是个人或部门的绩效整合，而部门绩效又来自所设的各个岗位员工。归根结底，企业绩效的根本就是每个工作岗位员工自身的绩效。而在绩效的基本内容上，主要包括工作计划、工作能力、工作态度、工作成绩四个部分[①]，其关系如图 2-3 所示：

① 张鼎昆．人类绩效技术及其在企业的应用 [J]. 中国管理科学，2001(2)：53-57.

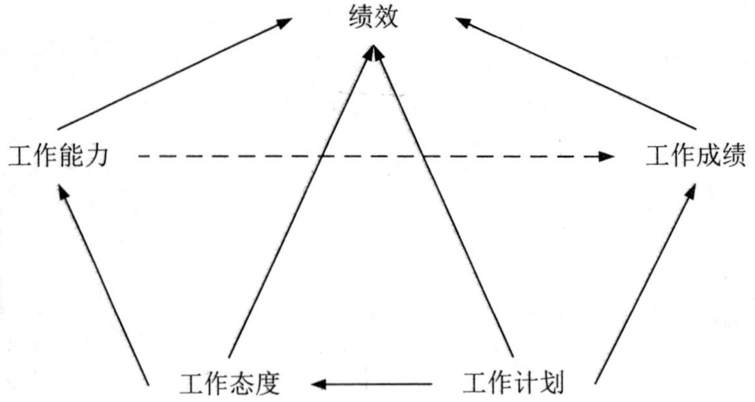

图 2-3　绩效内容关系

在绩效管理领域，“绩效评估”又被称之为“绩效评价”或“绩效考核”，其实质就是对企业内部的员工或部门工作状态和现实情况进行考察、测定、评估。在其评估过程之中，要根据个人或部门的工作岗位或地位，结合日常工作的基本目标和绩效标准，通过科学的评估方法，将个体或部门规定时间内的工作任务完成情况进行测定，并且将测定后的结果及时反馈至个人或部门。在传统的企业绩效评估过程中，通常以手动填写表格的形式来完成，这显然与绩效管理概念不相符合，现代绩效管理工作中，绩效评估只是一个重要环节，评估过程不仅取决于评估工作的本身，更取决于与绩效评估工作关联紧密的绩效管理全过程。

4. 绩效管理

所谓的“绩效管理”，就是组织部门对内部个人或部门的工作活动和工作产出进行有效管理，确保其工作过程与结果能够与企业战略目标之间保持高度一致，而这也正是企业在激烈市场竞争环境中扩大自身竞争优势的关键一环[①]。企业内部个人或部门绩效管理是指依托具体的程序

① 石书玲．企业家贡献考核指标体系的构建与评价[J]．经济与管理研究，2000(2)：58-61.

和方法，将个人或部门的工作绩效进行有效界定、评估、强化，实现对其进行系统化和规范化的管理，力求企业内部个人或部门的绩效能够得到有效改善和提高，最终达到企业生产与运行效率的全面提升。另外，再从绩效管理的根本目标出发，就是要彻底激发出企业内部个人或部门的潜力，确保其工作目标和发展目标能够与企业战略目标保持高度统一，进而让企业生产运行的整体效率能够得到有效改善[①]。由此可见，在企业生产运行过程中，绩效管理是一个工作系统[②]，具体运行的步骤如图 2-4 所示：

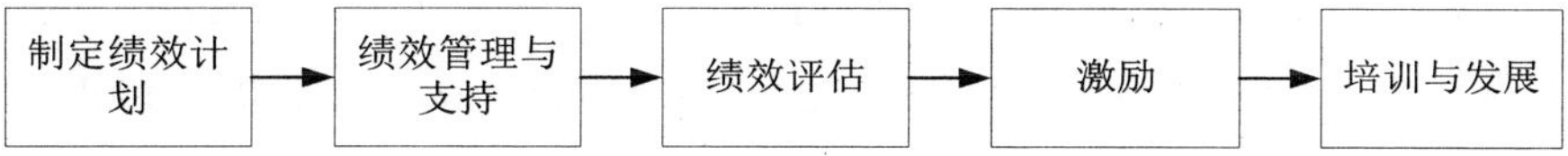

图 2-4 绩效管理运行步骤

在绩效管理的全过程中，最根本的目的就是要让企业的宗旨能够得到全面实现，并且能够将战略目标在企业生产运行过程中充分贯彻落实下去，并最终实现企业绩效实现全面优化。具体而言，企业绩效的最终目的可以细分为三个：一是战略目的，二是管理目的，三是开发目的。

在这里，针对企业本身而言，建立系统化的绩效管理系统就是要将制定出的战略目标转化为现实，将其加以充分利用不仅可以让战略目标逐层下达至部门和个人手中，更能让部门和个人的日常工作活动与企业战略目标之间形成紧密联系。而在该目标的实现过程中，需要先针对实现战略目标所必须具备的成果进行科学界定，之后要将成果实现过程的行为，以及相关部门和个人的具体特征加以明确。此后，要设计出与之相对应的绩效衡量系统和绩效反馈系统，由此确保企业内部各部门和有关个体所表现出的行为、特征、结果保持高度合理，有效推动个人和部

①Anon.E-markets and Collaboration transform SCM[J]. Manuhcturing Systems, 2000,18(7): 83-123.

② 陈芳．绩效管理 [M]. 深圳：海天出版社出版，2002：44.

门的行为表现达到最佳状态。其间，企业组织部门要从个体入手，有效进行关于绩效方面的引导，之后逐步延伸到部门，确保个人与部门的行为能够朝向企业战略目标迈进。

而现代企业管理工作的全面开展，最终的目的就是要将绩效考评的结果应用到行政管理，从而得到具有实操性和时效性的管理手段。这些管理手段的实质就是企业有效进行生产运行的“控制手段”。而这些手段的实施过程显然可以让部门和个人能够高度明确企业生产运行过程中的具体需求，以及在生产运行过程中更加看重什么，同时也为有效调整生产运行的路径与措施提供重要依据。除此之外，在绩效管理的全过程之中，企业内部各部门与个人之间的关系决策也会得到有效优化和调整，这是因为绩效管理全过程中所产生的数据能够充分激发出各部门和个人的工作潜能。

“开发目的”主要是指通过绩效评估结果来制定各部门或个人的发展目标，以及部门培训或个人培训的方式与内容，确保企业生产运行过程中，各部门与个人始终能够保持在良好的工作状态。其间，如果某部门或个人在规定时间内没有完成工作目标，或者达到所要求的工作水平，那么绩效管理会在第一时间指出哪一方面需要加强，并且通过培训和时间的方式强化该部门或个人的工作能力，从而助力其工作的高质量完成。

在绩效管理的过程中，企业会通过简单便捷的途径，向各部门和个人传递企业长期、中期、短期发展目标，以及企业价值观和企业组织文化，让各部门和个人能够了解自身应该具备哪些特征，并且实现对部门和个人的行为约束，确保各部门和个人成长行为能够与企业发展战略目标保持高度一致。企业绩效管理过程的作用模型如图 2-5 所示：

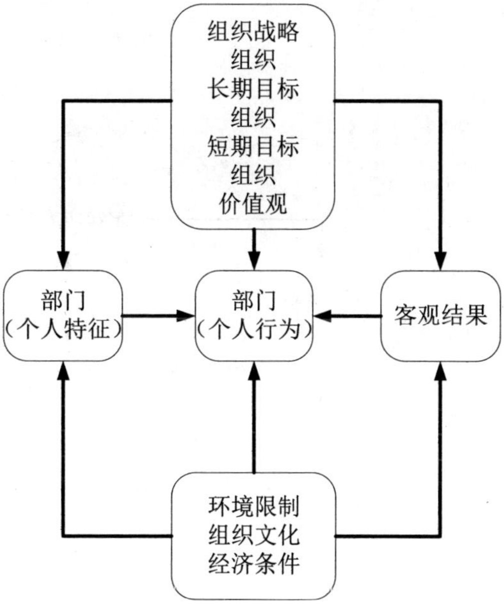

图 2-5　企业绩效管理作用模型

（二）绩效管理的过程

绩效管理工作是一个封闭循环过程，始于绩效计划的制定，终于绩效结果的应用，力求组织内部个人和部门的工作始终与企业战略目标保持高度一致，生产运行各个环节都能有条不紊地顺利落实。在此期间，主要地工作流程如图 2-6 所示：

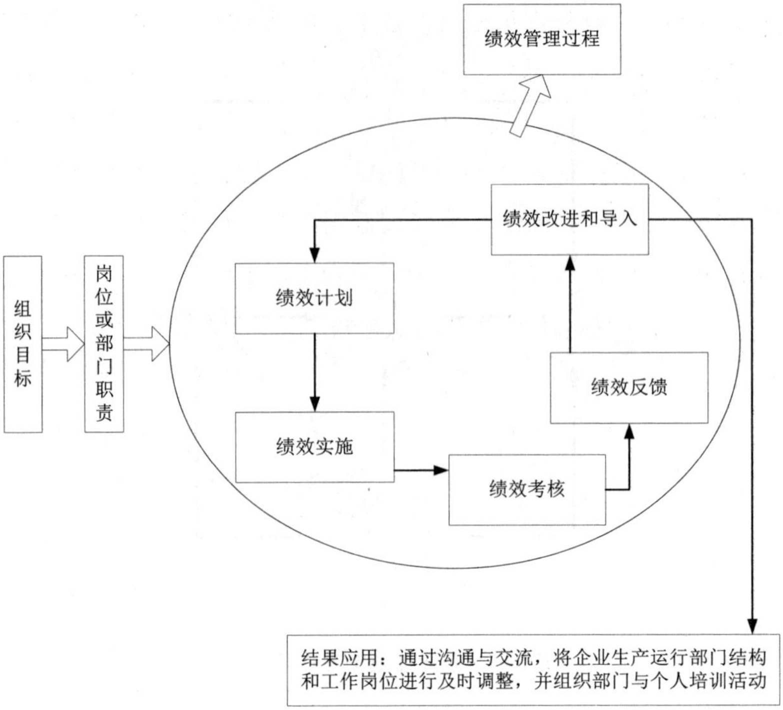

图 2-6　企业绩效管理基本流程

1. 绩效计划

在企业绩效管理工作的初始阶段，企业负责人、有关部门管理人员、各岗位工作人员要明确在绩效期间应该完成哪些工作、工作完成的程度、工作进度、各自的决策的权限等多个方面，并最终达成相关协议。其中，要以各岗位工作人员绩效目标为基础，将各级管理人员和各岗位工作人员的工作方式作为绩效管理的基本途径，将达到计划的绩效结果视为最终追求，为绩效管理工作切实提升企业生产运行效率，实现员工与部门利益和企业社会效益的最大化。

2. 绩效实施

该环节是指根据已经制定出的绩效计划开展绩效管理工作。其间，企业负责人和部门管理人员通过各种手段详细了解生产运行过程中各岗位工作情况，并且要与每个岗位工作人员保持密切沟通与交流，将已经出现的问题和可能出现的问题进行有效解决与预防，实现规范部门和个人的工作行为，确保企业、部门、个人的绩效目标能够全面实现。其间，企业负责人和各部门管理人员可以通过正式和非正式的手段进行绩效沟通，与各岗位工作人员共同找到导致岗位工作现实状态产生的主要原因，并有针对性地制定出改善现实工作状态的方法和手段。

3. 绩效考核

在绩效周期内，针对其工作完成的过程与结果进行有效考核，确保绩效管理的成果可以在企业、部门、岗位工作人员中直接呈现。其间，要根据绩效目标及衡量标准，将部门与个人的工作绩效进行客观评价，主要采取的方法为电子文档的填写、上传、处理，最终获得绩效考核结果。虽然在表面上看，表格信息包括工作过程和结果的方方面面，但其实质则是对部门和个人工作的全过程进行信息综合与分析，可以帮助部门和个人找到工作中存在的薄弱之处。

4. 绩效反馈

该环节是指企业负责人和部门管理者根据绩效考核的结果，与各工作岗位员工进行深入交流，让绩效考核的结果能够传递到每一位基层工作人员手中，使其能够对绩效目标的完成情况，以及部门和企业对自身的期望。另外，该环节也有利于部门和个人结合绩效期间自己的工作行为和工作状态，找出理想的解决方案，促进部门和个人绩效水平的全面提升。

5. 绩效结果应用

绩效结果的应用是指将绩效考核的结果应用到企业生产运行管理工作的其他环节，具体可包括部门调整、岗位调动、企业资源规划的优化、生产运行管理环节的开发等。在该环节结束之后，下一绩效周期则依然要从绩效计划开始，经过上述四个环节，周而复始，确保企业生产运行的效率实现不断提升。

（三）绩效管理的方法

在企业生产运行绩效管理工作中，行之有效的方法往往都具有较强的系统性特征，以下方法更是表现得较为明显：

1.360 度反馈系统

该绩效管理方法又被称之为全视角考评或多主体考核。在该系统中，将评价对象的上级主管、同级同事、下级作为绩效考评人员，从多个视角对考核对象进行 360 度考核，之后将考核结果上传至反馈系统，以此来达到考核对象工作行为、工作态度、工作流程得到全面优化，促进其绩效提升的目的。由于该考核方法能够客观而又真实地反映出考核对象的实际情况，所以在各大型企业绩效管理工作中普遍将其视为理想的方法[①]。另外，在该绩效管理方法中，考核对象的考核信息来源较为广泛，并且信息的详细程度和具体程度可以达到最佳状态，能够做到考核主体之间针对考核对象的不同，将其信息进行相互补充、相互验证，确保考核过程与结果的有效性和可靠性，该绩效评价方法的考核流程具体如图 2-7 所示：

图 2-7 企业 360 度反馈系统绩效考核流程

企业在全面实施 360 度反馈系统绩效考核的过程中，其关键点主要包括四个方面：一是企业负责人必须为之提供强有力的支持，并且要建立 360 度绩效考核相关制度，确保考评主体的多样性和实施过程的规范

① 李建民 . 人力资本通论 [M]. 上海：上海三联书店，1999：78.

性。二是在进行360度绩效考核的过程中，考核主体必须做到信息的充分沟通，让考核的范围能够涉及企业生产运行的方方面面。三是考核程序必须做到严格保密，这不仅关乎考核结果的准确性，同时也能够确保考核对象以自然的工作状态参与绩效考核过程。四是考核与评价结果要做到第一时间反馈至考核对象手中，让其能够及时知晓日常工作中的优势与劣势，并且从中找到全面提升工作效率的有效手段。

2. 目标管理法

该绩效管理方法是由美国著名企业管理家彼得·德鲁克所提出，他本人在《管理的世界》一书中，明确指出“目标管理法”作为一种管理制度，不仅能够确保企业上下能够共同制定出发展目标，更能保证企业内部所有部门和个人始终为共同目标不断努力奋斗。在此期间，企业负责人和各部门管理人员要结合企业所预想的成果，将各部门和个人的职责范围，以及分解目标加以明确规定，并在绩效管理周期临近尾声时参照原定目标进行绩效考核，从中找出部门与个人工作过程中的优势和劣势，同时制定出下一绩效管理周期的绩效目标。

通过以上观点论述不难发现，该绩效管理方法的落实依然是一项系统工程，企业为了确保战略目标和规划得以实现，必须将战略目标进行有效分解，并分派至各个部门和个人，让各部门和个人的绩效目标能够与企业战略目标保持高度统一，同时部门和个人的工作流程与工作行为也会在绩效目标的驱使之下变得更加规范，从而为保企业、部门、个人始终保持可持续的高质量发展状态。

3. 关键指标分析法

该绩效管理方法是以分析企业获得成功，或者处于市场领先地位的因素为基础，将企业走向成功的因素进行重点监控，从而确保企业自身在未来发展中能够挖掘出更多的核心竞争力。在该绩效管理方法的落实过程中，为了做到将关键要素进行量化考核与分析，要求每个关键要素都必须细化成为多项指标，这些指标正是关键绩效指标。由于在关键要素指标的细化过程中，要求企业负责人必须结合企业发展战略和发展愿景来制定，所以这也要求企业在绩效管理工作中，关键指标分析法的全面落实必须将明确企业战略目标和愿景置于首位，并且还要从部门和岗位入手，将主要职责、工作目标、工作方法等作为关键要素指标构成，确保关键要素能够实现全面量化。

第二节　创新理论

通过中国知网、万方数据平台、维普期刊网、掌桥科研等数据库的词条检索，发现关于“创新理论”方面的研究主要集中在熊彼特创新理论的研究，虽然研究的着力点过于集中，但并不妨碍对创新理论的深入解读，同时更能为本研究提供强有力的理论支撑作用。其中，该理论的内容与发展情况具体如下：

一、熊彼特创新理论的产生

该理论思想是在《经济发展理论》中首次提出，经过该书的深入研究与分析，并在《资本主义、社会主义、民主主义》一书中进行了全面总结，最终形成了一套完整的熊彼特创新理论体系。学者王蕾和曹希敬在进行熊彼特和西方经济学的对比过程中，就明确指出熊彼特创新理论对于资本主义经济的认知已经有了重大突破，与以往的西方经济学的研究存在明显不同，更注重对经济发展的“质”进行研究，并不体现在“量”上。在研究观点中，明确阐述了熊彼特创新理论是通过技术和制度的层面探究了经济发展的重要因素，让“创新”二字的内涵得以充分体现，这恰恰对资本主义社会经济活动和变化规律进行了有效说明，并且也让熊彼特创新理论得以系统化的体现①。

学者邱新华在进行熊彼特创新理论研究的过程中，认为该理论研究是以动态研究方法和古典经济学理论作为基础，该理论是德国历史学派、马克思主义经济理论、古典经济理论的集大成者，具有高度的理论创新性②。另外，学者冯婷在进行熊彼特创新理论的研究过程中，明确指出深入了解该理论有助于人们加深对创新内涵的理解，能够为进一步探索创新道路提供重要的理论指导作用③。

二、熊彼特创新理论的主要内容

在学术界关于熊彼特创新理论的研究中，针对该理论的内容进行了具体的划分，内容集中表现在创新与经济之间的具体关系。以下就结合学者所提出的研究观点，将该理论的主要内容进行有效划分。

（一）创新与经济周期

在熊彼特创新理论中，以独特的创新视角将经济周期进行深入的阐述，明确阐述“创新非均匀性”思想，这对于社会经济增长、波动、风险、产业政策等多方面做出了重要贡献。而国内外诸多学者也针对这一思想做出了深入分析。其中，国内学者孙梁和韦森二人就立足经济思想史，将熊彼特创新理论进行深入分析，并且明确指出在熊彼特创新理论之中，可以将经济周期按照时间长短划分为长、中、短三个经济周期类型，并且熊彼特创新理论还在“非均匀性”思想的引导下，探究出了二阶段“纯模式”，以及四阶段模式和长、中、短三中级复合循环模式，

① 曹希敬，胡维佳．熊彼特及其新熊彼特主义学派关于创新——经济周期研究的述评[J]．中国科技论坛，2014(11)：20-24.

② 邱新华．“熊彼特创新理论”对中国创新发展的启示[J]．对外经贸，2020(7)：106-108.

③ 冯婷．从熊彼特创新理论看中国供给侧结构性改革[J]．时代金融，2019(3)：83-84.

这为探明资本社会经济活动周期提供了重要的理论支撑条件[①]。学者杨淼和雷家骕在进行熊彼特创新理论的研究过程中，还明确指出该理论是通过外生创新的原因对经济周期形成进行解释，从而表达出创新具有周期性变动的特征。而这也充分说明创新的分布存在不均匀性特征，并且也存在分布不稳定和聚集性不确定的特点，这显然与传统概率理论中所提出的观点有着明显不同[②]。

针对熊彼特创新理论的研究对象而言，国内学者曹希敬等人明确指出，在该理论关于经济周期的研究对象上，其实质就是针对全球经济的变化情况进行深入的理论研究，而这也正是该理论在西方国家经济发展和经济周期更迭中发挥重要的主要原因。但是，由于当时西方国家对全球经济发展所做出的贡献较小，所以在一定程度上对全球经济周期的影响作用也相对较弱，故而对当时全球经济周期研究具有明显的历史意义[③]。国外学者针对熊彼特创新理论的内容研究中，同样提出了具有代表性的观点，如：学者 Vipin P. Veetil 认为该理论的内容主要由三部分构成，一是企业家的生产创新，二是创新导致局部计划失败，三是局部计划有时也会导致全球经济的衰退[④]。与此同时，他本人还认为，第三个组成部分往往更容易受到其他研究观点的影响，即：微小的变化往往会在大经济体中更加趋于平均，这样所产生的宏观波动也较为微小，并且他本人也立足这一观点，提出了具体的改进研究方案。

---

① 孙梁，韦森．重温熊彼特的创新驱动经济周期理论 [J]. 济南大学学报（社会科学版），2020,30(4)：5-21.

② 杨淼，雷家啸．基于熊彼特创新周期理论的科技创新驱动经济增长景气机理研究 [J]. 经济学家，2019(6)：23-32.

③ 曹希敬，胡维佳．熊彼特及其新熊彼特主义学派关于创新 - 经济周期研究的述评 [J]. 中国科技论坛，2014(11)：20-24.

④Vipin P. Veetil. Schumpeter’ s business cycle theory and the diversification argument[J].Evolutionary and Institutional Economics Review,2020(prepublish).

（二）创新与经济发展

在熊彼特创新理论中，创新与经济发展是该理论的重要组成部分之一，并且在这一部分的论述中，明确指出了“创新”是推动经济发展的核心条件，其具体机制所围绕“创造性的毁灭”这一概念所建立，国内外学者也以此为立足点进行了深入的研究。其中，国内学者胡展硕在研究该理论“创新与经济发展”这一部分内容时，就明确指出社会经济的发展往往来自一种破坏性的创新，即：社会经济发展动力通常是来自资本要素破坏重组，而这也正是一种创新所在，而完成资本要素破坏重组工作的主体通常是广大企业家，也就是说企业家在创新推动过程中发挥着至关重要的作用①。

柳御林等人在进行熊彼特创新理论中的“创新与经济发展”内容研究时，也提出了具有代表性的观点，他本人认为在该理论中，经济增长往往并非以主动的形式存在，因为技术、知识、研究方式的改进需要有相关的部门和人员进行规范性的引导，同时还要结合市场变化将市场要素进行科学整合与重组，这样就导致创造性的毁灭往往需要政府部门根据市场的实际情况做出相应调整，而这也意味着符合时代社会发展大环境的创新就此出现②。另外，国内学者翟雨实雨国外学者贾斯汀·福克斯（Justin Fox）共同针对熊彼特创新理论中的“创新与经济发展”这一部分进行了深入研究，二人结合以往创造性毁灭的发生情况，明确指出现代资本社会是导致创造性毁灭的主要力量，但创造性的毁灭通常不是个无情而且处于加速状态之下，往往会呈现出起伏波动的状态③。

① 胡展硕．熊彼特理论创新点及中国创新现状——基于熊彼特破坏性创造理论的研究[J]．发展研究，2020(2)：95-100.

② 柳卸林，高雨辰，丁雪辰．寻找创新驱动发展的新理论思维——基于新熊彼特增长理论的思考[J]．管理世界，2017(12)：8-19.

③ 贾斯汀·福克斯，翟雨实．从熊彼特到福斯特：创造性破坏理论的潮涨潮落[J]．中国经济报告，2017(12)：78-80.

国外学者针对熊彼特创新理论中的“创新与经济发展”的内容研究中，也涌现出了具有代表性的研究观点，其中 Simon D. Norton 和 Vahid Molla Imeny 就结合熊彼特创造性毁灭这一概念，将资本市场动态创新模型中的信贷危机前银行交易产品加以比较，从而提出：“在该理论中，能够针对市场创新和市场崩溃的因素进行深入分析”这一研究观点[①]。

三、熊彼特创新理论的发展

在熊彼特创新理论正式提出之后，经济学界对该理论的关注程度并不高，广大学者针对该理论的研究与应用也并不多，直到 20 世纪 50 年代，随着科学技术发展对经济与社会发展进程的推动作用不断增大，人们对于创新活动的关注度不断提升，进而广大学者才深刻意识到只是依靠传统的要素资源来驱动和发展经济作用并不明显，由此学者们才逐渐将研究的重点落在科技创新之上，这也推动了广大学者和全社会对“创新”的认知不断提升。在此期间，广大经济学家和有关学者在进行熊彼特创新理论的研究过程中，研究视角更加趋于多元化，而这也使得后续新的创新理论的出现拥有了坚实理论基础。以该理论为基础，学术界又相继出现了技术创新和制度创新两大主流学派，并且在近代又出现了综合新熊彼特创新理论，这些理论的出现与发展显然对创新理论体系走向系统化提供了重要支撑条件，理论观点也始终围绕“创新”二字来进行。

（一）技术创新经济学

1. 以技术进步为变量解释经济增长

在这一理论的研究过程中，学者罗伯特·索洛就以统计学理论作为基础，针对经济增长进行深入研究，其间他本人结合柯布·道格拉斯所

①Simon D. Norton,Vahid Molla Imeny. Schumpeter ‘s creative destruction and the credit crunch of 2007-2008: an Islamic banking perspective[J]. Qualitative Research in F inancial Markets,2021,13(2).

获得的研究成果，最终得出了生产函数，即：

$$Y=A(K,\ L)$$

在该函数中，Y代表产出水平，L则表示劳动收入，K则表示资本投入，而A则表示技术水平。

该理论一经提出就引起了学者的广泛关注，并且开展了诸多有针对性的研究活动，更涌现了众多具有代表性的研究观点。其中，国内学者韩建雨和杨淇岩二人在研究该理论的过程中，认为这一理论已经不再将资本作为影响社会经济发展的唯一要素，已经将创新在社会经济发展中的重要作用充分诠释出来，让人们能够明确社会经济增长道路中的动力来源所在，而这与古典经济学理论观点相比已经有了质的突破①。学者周天勇在进行该理论的研究过程中，也明确指出：通过索洛模型进行经济增长研究时，不能只是将相关经济数据输入模型进行计算，因为该操作过程会导致计算结果的真实性和准确性得不到保证，应该将分析对象的实际经济条件进行全面而又深入了解，结合其实际情况选择与之相对应的模型开展研究工作，这样才能充分反映出社会经济增长的现实情况②。

除此之外，学者武志在进行技术创新经济学理论的研究过程之中，明确指出索洛模型依然存在可优化和改进的部分，他认为索洛模型的实质具有唯心主义色彩，在该模型的运用过程中对于经济增长和政府管制措施通常不符合社会经济发展现实，所以在通过索洛模型研究经济增长状况的过程中，还需要结合社会经济发展的实际情况做出具体优化③。针对该理论，国内学者周绍森和胡德龙就将其开创性进行了深入研究，明确指出正因为内生增长模型的出现，成就了内生经济增长理论的全面形

① 韩建雨，杨淇岩．基于索洛模型的区域经济增长驱动因素实证研究[J].长安大学学报(社会科学版)，2020,22(1)：50-57.

② 周天勇．索洛模型在分析中国经济问题时的困境和改进思路[J].财经问题研究，2019(8)：13-23.

③ 武志．对索洛模型数理逻辑与方法论的批判[J].马克思主义研究，2019(1)：68-79.

成，而该理论无论是在通过技术推动社会经济发展方面，还是助力政府制定经济政策推动社会经济发展方面都能发挥出理论支撑作用①。学者潘莉艳和范乐乐则针对技术内生经济增长理论所提出的研究观点，明确指出国家经济的发展关键在于知识不断积累，这样技术水平必然会不断得到提升，社会经济也在该要素作用之下形成内生动力②。而这一观点也充分证明国家经济发展道路中，要全面加强科技创新和提升创新动能。

2. 技术扩散研究

在该领域的理论研究中，以埃德温·曼斯菲尔德的技术推广模型研究最具代表性。该模型研究的主要视角在于技术进步为经济发展所带来的直接影响，以及技术进步后所产生扩散效应对经济发展所带来的影响。国内学者针对该理论也纷纷做出了深入研究与探索，其中以学者董君所提出的研究观点最具代表性。他本人认为，在技术扩散领域的理论研究之中，明确体现技术扩散程度的指标，曼斯菲尔德本人将产业周边的社会特征，以及产业本身的特质作为重要影响因素，这显然能够让技术创新对推动社会经济发展的持续性能够有效计算出来③。国外学者 Arthur M Diamond 则是立足技术扩散模型的理论贡献进行深入研究，他本人认为该模型构建过程中所运用的方法对于工业领域的创新发展贡献较大，特别是对于技术创新扩散率以及资本投入的回报率估计对工业发展有着决定性作用④。

① 周绍森，胡德龙．保罗·罗默的新增长理论及其在分析中国经济增长因素中的应用 [J]. 南昌大学学报（人文社会科学版），2019,50(4)：71-81.

② 潘莉燕，范乐乐．我国当前经济增长中存在的问题及对策 [J]. 经营与管理，2017(6)：64-66.

③ 董君．农业产业特征和农村社会特征视角下的农业技术扩散约束机制——对曼斯菲尔德技术扩散理论的思考 [J]. 科技进步与对策，2012,29(10)：65-70.

④Arthur M Diamond. Edwin Mansfield’ s contributions to the economics of technology[J].Research Policy,2003,32(9).

（二）综合新熊彼特经济学

在熊彼特创新理论的发展过程中，众多学者在该理论的内容研究过程中，其视角不仅放在了金融、产业、公共部门之上，同时还针对上述三个主体之间的联系进行了深入研究，这样不仅形成对“创新驱动高质量发展”的研究过程，更在无形中形成综合新熊彼特经济学。在这一理论中，其核心思想在于三大主体之间存在着相互而又紧密的联系，并且还存在着创新和不稳定性特征。对此，在研究该理论的过程中，需要将三大主体共同发展情况的研究放在第一位，只有这样才能充分理解创新在三大主体协同发展中的作用，国外学者霍斯特·哈努斯（Horst Hanus）和安德烈亚斯·皮卡（Andreas Pica）两位学者就针对“三大主体共同发展情况”进行了深入研究，并提出了具有代表性的研究观点。

他二人认为在该理论系统之中，实现社会经济体系的整体发展只有一条通道可行，而该通道都构成则是顶部为过度的经济膨胀和经济泡沫，而底部则是经济增长的停滞不前，中间就是经济体系的发展之路。具体而言，他二人明确指出在社会经济发展的过程中，确保其发展趋势始终维持在增长状态需要诸多必要条件，其中经济政策自然必不可少，不仅要确保防止顶部经济膨胀和经济泡沫现象的出现，更要防止底部经济增长停止所造成的产业发展速度下降的情况产生，这样就需要在新熊彼特通道之内来实现社会经济保持稳定而又高质量的发展状态。除此之外，他二人还立足不同的经济体的发展历史，将其经济过度膨胀和发展停滞的现象进行了分析，从而推理出造成这两个现象的演变过程[①]，而这显然对综合新熊彼特经济学的发展，以及在社会经济体系发展中的有效运用打下了坚实基础。

① 孟捷，杨志．技术创新与政治经济学的研究对象[J].政治经济学评论，2004(2)：22.

第三节　协同创新理论

纵观当今世界发展的大环境，可以看出创新已经成为时代发展的主题，各领域都在以创新谋求新的发展，并且确保发展的可持续性。其中，以单一主体进行垂直模式的创新显然已经不能适应时代发展要求，因此“协同创新”成为当今社会各个领域在谋求可持续发展道路中所关注的焦点。该创新模式强调多层面、垂直性、开放性，创新的过程要以合作、共享、共赢作为根本追求，这样的创新过程才具备可持续发展的基本特质。早在20世纪50年代，美国率先开展了协同创新模式的研究工作，并且也提出了与之相对应的理论，即“协同创新理论”，而这对各领域的协同创新发展奠定了坚实的理论基础，同时也为该模式在各个领域中有效应用提供了重要的理论支撑作用，企业管理领域的协同创新也要将该理论作为基础。本研究就通过收集、整理、分析相关文献，将协同创新理论研究中的定义、特征、动因、绩效、机制等方面进行全面论述，确保本研究能够拥有较为坚实的理论基础。

一、协同创新的定义

奥地利著名经济学家约瑟夫·熊彼特（Joseph Alois Schumpeter）作为“协同创新理论”的奠基人，并且“创新”二字也是他本人首次提出，对协同创新模式的深入研究打下了坚实基础。另外，罗伯特·爱德华·弗里曼（Robert Edward Freeman）在《战略管理：利益相关者管理的分析方法》一书中，提出“产学研”概念之后，协同创新理论的研究就已经明确了创新视角和创新思想，协同创新的理论和协同创新的思想也就此得到高度重视，并随着时间的推移逐渐得到完善。

德国科学家赫尔曼·哈肯（Hermann Haken）则是以系统理论作为研究视角，针对协同创新的本质进行了研究与探索，明确指出在复杂的系统中，各子系统从分离碎片化的状态逐渐向稳定有序的状态转变是必然规律，并且最终能够实现利益最大公约数，即：$1+1>2$[①]。美国战略管理学家伊戈尔·安索夫（Igor Ansoff）在《多元化策略》一书中，更是明确指出“多元协同”概念，具体而言就是企业之间存在共生共长的关系，即 $2+2=5$[②]。时间来到 1992 年，英国加的夫大学库克（Philip Nicholas Cooke）教授则通过区域创新系统，将复杂系统中的要素相互作用进行了深入分析，得出重要的结论，即：复杂系统是各构成要素之间相互作用的最终结果[③]。

国内学者在协同创新理论领域也取得了诸多研究成果，例如：胡恩华等人认为，具有联盟性质的企业在发展道路中容易受到外部大环境的影响，并且以此为基础建立起企业之间非线性关系，并充分证明了企业联盟在发展过程中，自身并不能有效实现集体协调效应[④]。学者艾晓玉等人则是以复杂适应理论作为基础，从适应性和协同要素之间的相互关系的角度出发，针对创新多元主体合作模式的演进路径进行了深入研究与探索，最终得出协同创新的根本在于建立多主体、多机构、多层次的动态性系统[⑤]。而学者范群林等人则是立足“协同创新网络”这一研究视角，将协同创新的目标进行了深入分析，进而提出协同创新理论的核心思想就是多主体建立共同的目标，并且在共同目标的指引之下相互合作，并

①H. 哈肯 . 协同学——自然成功的奥秘 [M]. 上海：上海科普出版社，1988：53-54.

②Ansoff B H I. Strategies for Diversification[J]. Harvard Business Review, 1957,5(35):113-124.

③ 王亮 . 区域创新系统的内涵及特征研究 [J]. 管理观察，2013(31)：170-172.

④ 胡恩华，刘洪 . 基于协同创新的集群创新企业与群外环境关系研究 [J]. 科学管理研究，2007(3)：23-26.

⑤ 艾晓玉，尹继东 . 协同创新的动态演进机制——基于 CAS 理论的分析框架 [J]. 科技管理研究，2015,35(18)：161-165.

最终形成一个完整的联结关系①。

综合以上研究观点，不难发现国内外学者关于协同创新理论的研究视角存在明显不同，二是针对其定义而言，普遍认为协同创新的本质就是要建立一个创新系统，在系统内部要确保主体要素之间能够始终保持相互协同的状态，即：通过统一的信息获取、资源共享、利益激励等方式，建立起大范围和大规模的创新合作模式。

二、协同创新的特性

笔者在广泛收集、整理、分析关于“协同创新理论”的研究成果时，发现诸多学者在研究观点上存在一定的共同性。经过概括后，该理论主要将协同创新模式划分为开放式的协同和协同制造，除了这两个基本理论特性之外，两种协同创新模式还有三个明显的特质。

（一）整体性

结合上文中关于“协同创新”定义的论述，不难发现协同创新全过程必须在高度系统化的状态下进行，而这种创新系统本身并不是一味地将要素进行堆砌，而是要让系统内的所有要素能够形成一个集群，并且整个集群要按照共同的目标、统一的标准、统一的方式进行运作，而这也正是协同创新系统本身所具有的基本特性所在。

（二）动态性

结合协同创新理论的定义，可以看出协同创新系统中存在的等级和层级并不明显，充分体现系统要素之间相互配合的灵活性和柔性，每个要素在地位上都具有平等性，并且彼此之间的联系也较为紧密，这样就使得协同创新系统在应对复杂的外界环境过程中，能够在最短的时间内

① 范群林，邵云飞，尹守军．企业内外部协同创新网络形成机制——基于中国东方汽轮机有限公司的案例研究［J］．科学学研究，2014,32(10)：1569-1579.

做出有效调整，进而使得应对方案具有高度的适应性和创新性。

（三）协作性

结合“协同创新理论”的基本定义，还可以看出在该理论研究视角下，协同创新系统本身要求内部构成要素之间必须保持相互支持，以及相互配合的状态。而这也意味着每个协同要素都必须明确其具体分工，同时还要确保每个协同要素都要在该系统中肩负一定的职责，并且发挥出不可替代的作用，而这也让协同主体之间能够增强相互联系和沟通，进而在系统内部始终保持相互协作的状态。

三、协同创新的机制研究

就当前现有的文献资料而言，经过整理与分析后不难发现，关于协同创新机制的研究主要体现在教育领域，普遍以“政产学研”协同创新机制的研究为主要方向，确保政府、学校、企业、研究机构四方能够保持通力合作并高度协同化，为我国教育事业的飞速发展提供强有力的推动作用。另外，协同创新的机制研究在企业管理领域也有所涉及，其研究观点普遍集中在协同创新系统的运行规律和控制方式上，力求协同创新系统始终能够保持一个良性循环状态，为企业发展提供重要的保障力。

国内学者徐磊就从技术、环境、模式、安排、文化、观念的角度出发，对界面管理的主体进行深入分析，从而确保界面管理的过程能够形成一个协同创新机制，以求能够帮助广大企业在生产经营过程中降低合作成本，并且能够将失败风险加以有效控制[①]。而学者王炳富等人则是根据界面管理的概念，从协调多元主体的利益冲突角度出发，将协同创新的界面予以有效优化，从而确保协同创新管理的界面能够充分发挥出管

① 徐磊．如何建立有效的界面：关于技术创新界面管理的探讨 [J]. 科研管理，2002(3): 79-83.

理职能[①]。通过以上学者所提出的研究观点，不难发现学术界关于协同创新机制的划分主要从两个角度来进行，第一个角度为协同创新主体的基本构成，其构成主体的不同自然会实现协同创新的机制存在明显差异，而这一研究视角主要集中在教育领域的协同创新机制研究领域。第二个角度则是企业视角，广大学者普遍认为协同创新是以市场需求为动力源泉，以经济利益的最大化为根本目标，以此为核心的协同创新机制才能确保企业面对市场大环境保持可持续发展状态。针对该研究视角，学者刘磊则提出协同创新机制应该由三大协同机制构成，即：动力机制、利益机制、知识管理机制，而其有效运行能够确保企业以最低的成本投入获取最大的利益产出[②]。

而在协同创新机制的构建中，还需要关注的是在协同创新机制的构成中，政府更是发挥出不可替代的作用，必须作为协同创新理论框架中的主体部分，其基本表现就是通过政策支持的方式，引导协同主体之间能够保持紧密合作与交流。其原因在于协同创新主体之间，由于彼此的出发点和利益诉求具有明显差异性，所以导致协同创新机制的运行过程很难保证协同主体具有自发性，而通过宏观的政策引导和制度安排，恰恰能够让协同主体之间存在的差异性因素得到满足。国内学者白俊红等人就以政府政策支持作为研究视角，针对协同创新机制的效果进行了深入研究，并提出政府通过资金补贴等方式，让企业能够为共同的目标建立起合作共赢的关系，从而对经济与社会的发展重要的推动作用[③]。还有学者认为在协同创新机制的构建与运行过程中，技术创新发挥着至关重要的技术保障作用，学者冯海燕就针对该视角进行了深层探索，并且明

① 王炳富，樊平军．产学研协同创新界面管理及其优化路径[J].中国高教研究，2014(12)：19-22.

② 刘磊，孙雁飞，朱金龙．我国信息产业协同创新机制研究[J].中国高校科技，2019(6)：90-93.

③ 白俊红，卞元超．政府支持是否促进了产学研协同创新[J].统计研究，2015,32(11)：43-50.

确提出了融资创新机制、激励创新机制、利益分配机制等多个协同创新机制[①]。

另外，还有学者结合不同理论研究的时代背景，从不同理论视角开展关于协同创新的机制研究工作，将行为主体的行为目的差异性进行了深入分析，而这些理论研究的视角既包括了协同学，还包括了管理学和三螺旋理论。例如：学者刘韬和吴梵二人就以沿海地区的 11 个省份海洋高科技技术产业为研究对象，运用超效率 DEA 法和攻坚计量模型，将影响协同创新机制运行效果的因素进行深入研究，并最终得出产出绩效的影响最为明显，而该影响因素的影响作用达到最大化之后，协同创新机制的运行效果显著程度明显下降这一重要结论[②]。

第四节　应用于能源企业的相关理论讨论

纵观以上关于协同与创新的理论基础论述，不难发现理论观点的提出普遍都指向以技术创新作为重要支撑，由此确保单一事物能够形成紧密的合作，从而达到相互协同的状态，而这也正是创新的根本体现。结合以上论述观点，笔者认为对于能源企业而言，日常生产运行过程依然可以在上述理论基础之上，探索出与之相适应的相关理论。本节内容笔者就通过对相关文献的广泛收集、系统整理、深入分析，将应用于能源企业的相关理论加以论述。

---

① 冯海燕．高校与企业产学研合作机制创新研究 [J]. 中国高教研究，2014(8)：74-78.

② 刘韬，吴梵，高强，等．海洋高技术产业协同创新效率测度及空间优化 [J]. 统计与决策，2021,37(6):109-112.

一、生产运行管理相关理论

（一）生产运行管理理论概述

就以往关于企业管理者对于生产和经营的认知而言，往往认为二者之间存在本质上的区别，特别是在西方国家经营者眼中，对于生产与经营的界定通常需要按照供给的形式进行界定。其中，针对“生产”的定义而言，经营者普遍认为是企业为市场提供有形商品的一种形式，通常将“运行”定义为管理者为企业提供服务的过程。随着生产力和生产水平的不断提高，现代生产运行管理理论也愈加成熟，二者之间的概念也形成了相互交叉，明确了生产运行不再单纯指向“生产”与“经营”两个部分，而是向“投入－转化－产出”这一方向延伸，即：企业将投入转化为产出的过程。

（二）生产运行管理研究的内容及范围

从传统意义来看，企业生产管理涵盖计划生产、组织生产过程、控制生产、安排生产四方面，但随着时代发展步伐的不断加快，科学技术在企业生产管理中所提供的支撑力愈加明显，同时市场需求的多样化和复杂化随之增加，用户对产品的质量和交付成本也不断提出更高的要求，因此生产管理所包含的范围愈加扩大，同时生产管理活动中也逐渐涉及企业运行管理，因此生产运行管理也成为企业管理理论研究的主要方向，具体研究内容和组成如表 2-1 所示：

表 2-1　企业生产运行管理内容和组成

管理范围	管理内容和组成	
生产运行管理	生产运行战略	生产战略
	生产准备与生产组织	产品开发与设计
		工厂与设施布置
		工作研究与劳动组织
		物资管理
		生产组织设计
	生产运行计划	生产计划
		作业计划
		能力计划
		人员计划
	生产运行控制	生产进度控制
		质量控制
		成本控制
		供应链管理
	先进生产运行模式	生产运行流程重组
		准时生产
		制造资源计划
		精益生产
		敏捷制造
		动态联盟

二、信息集成管理相关理论

在前文中，笔者针对熊彼特创新理论和协同创新理论的论述过程中，已经将技术创新和应用的相关理论观点予以明确，而技术创新最终必然会落在“计算机技术支持企业管理”这一方面，这显然驱使着信息集成管理相关理论的生成，这些相关理论必然对能源企业管理创新奠定坚实基础。其中，面向服务的企业生产运行管理体系结构（SOA）是信息集成管理理论的核心组成，能够为能源企业生产运行管理的协同与创新提供重要的理论指导作用。以下笔者就立足面向服务的企业生产运行管理体系结构的定义，以及其框架优势和构件化体系设计三方面，将信息集成管理理论的核心构成做出明确论述。

（一）SOA 的定义

在面向服务的企业生产运行管理体系结构中，向企业管理者明确表达出该管理体系结构就是将可以完成特定任务，且相互独立的功能实体有效连接起来。这样做的目的就是可以让企业在互联网大环境之下，可以做到将生产运行过程中的所有业务能够进行系统整合，从而为企业生产运行管理工作提供一个软件系统框架。在这里，面向服务的企业生产运行管理体系结构显然成为一个组件理论模型，能够让企业生产运行过程中，在生产与运行接口处建立良好的契约，进而确保企业生产运行的全过程的每一个功能单元都可以实现有效连接。在该理论的指导下，企业生产运行管理操作系统、编程语言、硬件平台也会相继形成，从而实现企业生产运行管理各个环节在统一和通用的形式下进行交互。

（二）SOA 框架的优势

1. 面向服务的企业生产运行管理体系结构可实现管理系统的再利用

在面向服务的企业生产运行管理体系结构的构建与运行过程中，系统的构建往往都是以企业固有管理系统为基础，将 SOA 框架嵌入系统内部即可将构建过程完成，不需要再重新搭建生产运行管理系统框架。具体而言，在企业固有的生产运行管理系统中，通过添加新的管理业务组件，并且将其以“集合”的形式存在于整个管理系统之中，通过接口和名称的对接，就能够实现企业生产运行业务的有效对接。在这一过程中，不仅有效避免管理系统运行过程出现复杂的数据传输现象，从而有效节约了企业生产运行管理系统的研发成本。另外，由于该系统可与企业现有的生产运行管理系统作为基础平台，只需要根据具体需要进行不同编程语言开发和不同计算机组件的有效应用，就可以实现企业生产运行管理新业务模块的构建与使用，这对企业生产运行管理工作的运行成本形成了有效控制。

2. 面向服务的企业生产运行管理体系结构可为企业管理者带来良好的体验感

在面向服务的企业生产运行管理体系结构中，SOA 框架将企业生产运行管理的具体业务内容进行有效统一，而这也为企业生产运行管理新业务的开辟打下了坚实基础。在该生产运行管理体系结构中，SOA 框架的植入让不同应用程序的基础结构具有高度一致性，从而确保已有的管理程序和新生成的管理程序都能协同一致地处于生产运行管理体系之中。由于 SOA 框架内的组件集合都是以提供各种服务的方式存在于基础结构之中，所以不仅能够对企业生产运行管理者提供全方位的服务，同时其运行过程中更是具有较高的敏捷性，可以根据生产运行全过程管理工作情况做出及时调整和部署，由此让企业生产运行管理过程的拓展性得到有效增强。

3. 面向服务的企业生产运行管理体系结构可增强企业生产运行管理的拓展性

在面向服务的企业生产运行管理体系结构中，通过采用 SOA 框架会让企业生产运行管理体系本身的耦合性变得更加松散，进而突出每个管理模块本身所具有的透明性，这样往往在企业管理者在不连接特定网络的情况下，也可以针对企业生产运行的全过程进行有效的监督，并且根据实际情况及时做出相应的部署或调整，让企业管理者在进行生产运行管理工作时的体验感得以生成。另外，每个管理模块中的通信框架都可以确保管理模块可以进行重复使用，管理模块实现松散耦合组合，这样不仅可以确保企业管理者在运行管理不断变化的需求能够得到满足，更能确保管理操作过程能够在第一时间得到响应，最大程度保障了企业管理者在生产运行管理操作中的便捷性。

4. 面向服务的企业生产运行管理体系结构可降低企业生产运行管理成本

在面向服务的企业生产运行管理体系结构之中，强调企业生产运行的全过程都要以 Web 服务库作为基础，通过采用 SOA 框架组织的核心资产，将其生产运行全过程的各个细节进行有效连接，通过统一协调部署有效优化生产运行过程中的步骤，从而让企业缩短“资本投入 - 产品产出”过程所用时间。在这一过程中，不必要的生产运行环节得到优化必然能够对其成本形成有效控制，同时还会有效降低生产运行过程中的资源浪费，从而让企业实现经济效益和社会效益的最大化。具体而言，SOA 框架在企业生产运行过程中，接口可以进行反复使用，不需要因企业自身业务的扩展而重新更换接口，避免生产运行过程重新创建服务器或服务系统，这样既能为企业减少生产运行的工作时间，同时生产运行团队也不会对组件存在陌生感，这也是有效节约企业生产运行管理时间成本的重要表现。

5. 面向服务的企业生产运行管理体系结构可有效减少企业运行管理风险

在面向服务的企业生产运行管理体系结构中，SOA 的使用过程允许管理人员阐明企业生产运行的基本流程，该功能则是通过识别固定业务服务组件序列的方法来实现，能够为广大企业各层次管理者提供一个监控生产运行管理流程和管理人员具体操作的环境。在管理人员针对生产运行流程的监控中，SOA 框架可以为广大管理者建立与之相对应的模型，让生产运行的实际状况清晰反映出来，同时也会针对管理人员的实际操作过程，建立一个系统化的模型，以此来呈现管理人员在生产运行阶段管理工作的具体操作。除此之外，SOA 框架还能够针对生产运行全过程进行有效修改，并且针对管理人员在操作过程中的使用情况进行有效评估，最终根据评估结果进行自动优化其管理操作流程，这样不仅可以减少企业生产运行过程中潜在的风险，同时也能够确保生产运行管理新环节的风险得到有效控制。

（三）面向服务的构件化体系设计

在面向服务的企业生产运行管理体系结构的构建过程中，理论思想已经向企业管理者指明，实现该管理体系结构的功效最大化，必须做到保障条件充足。构件化体系设计则是必不可少的一环，具体操作在于：要根据市场发展的大环境明确市场需求，确定企业生产运行过程中的业务模型和数据模型，突出企业生产运行管理体系结构本身的服务性、管理性、适应性特征，从而有效保证企业生产运行全过程的业务线和数据线高度完整。

在此基础之上，还要结合 SOA 的定义内容，针对业务线和数据线进行多个角度的检查，明确面向服务的企业生产运行管理评估模型，确保企业在生产运行全过程中的管理既能做到有效分层，同时还能实现高度协同。针对能源企业生产运行管理而言，因其系统性和复杂性较为突出，所以可以根据 SOA 的定义和框架优势，建立一个软件重用的运行和管理平台，确保能源企业生产和运行管理可以保持高度协同和统一。

三、精益生产相关理论

（一）精益思想的概念

早在 1984 年，詹姆斯·沃马克、丹尼尔·琼斯、丹尼尔·罗斯三人在《机器》一书中首次将“精益生产”的概念做出明确界定[①]。20 世纪 50 年代之后，丰田公司就针对传统的汽车生产制造方法和工艺进行了一系列的创新，最终的目的就是既能降低每件产品生产过程中的资源使用量，同时还能确保产品的质量不会随之降低，其中每件产品在生产过程中最大限度减少流动所需的资源就是主要做法所在。

亨利·福特早在 20 世纪初就受到本国关于消除所有生产过程资源浪费的提议启发[②]，而丰田公司恰恰是在这一启发基础上，建立起独有的工业文化，即：丰田生产运行管理，该文化的核心就是主动去发现和消除生产过程中存在的一切浪费现象，建立其精益环境。在该环境之下，“浪费”则被定义为向用户提供的所有无用价值和服务活动。丰田公司内部管理人员 Taino Ohno 就以丰田独有的工业文化核心思想为中心，设计出一套具有实践性的精益生产方法，如 Hiroyuki Hirano-5S 系统、Seiichi Nakajima 总生产维护系统、Kenichi Sekine 连续流系统等，这对精益生产理论起到了进一步加深的作用。

（二）精益生产的目标

针对不同的产业或企业而言，精益生产的目标会存在一定的不同，能源企业在精益生产模式下的目标应该包括以下四个方面：

1. 全面提高生产质量

在资源节约型和环境友好型社会建设大背景之下，为了确保能源企业在激烈的市场竞争中能够始终保持强大的市场优势，企业本身要针对产品的市场需求进行全面了解，做到生产运行过程中尽量满足市场需求的同时，将产品生产流程加以全面优化，使能源企业生产运行过程中的

① （美）詹姆斯·P. 沃麦克（James P.Womack），（英）丹尼尔·T. 琼斯（Daniel T.Jones）. 精益思想 消灭浪费，创造财富 [M]. 沈希瑾等译 . 北京：商务印书馆，1999:85-89.

② 亨利·福特 . 缔造福特汽车王国 亨利·福特手记 Handwriting of Henry Ford[M]. Henry Ford 汝敏译 . 民主建设出版社，2003：53-56.

产品始终保持高质量。

2. 有效控制生产运行过程中的资源浪费

在该理论中，明确指出资源浪费的过程不仅包括资源本身，同时还包括生产运行的时间，也就是说资源浪费会提高生产运行的时间成本，这些资源和成本的消耗过程显然不会给产品带来任何的附加值，能源企业生产运行过程中更是如此。所以当今时代能源企业在日常生产运行过程中，有效控制生产运行过程中的浪费同样应该作为一项基本目标。

3. 最大限度减少生产运行时间

企业生产运行的效率是由产品生产的质量，以及生产投入至产出所用的时间两方面构成，在上文中已经提到全面提高生产质量是精益生产的主要目标，那么最大限度减少生产运行的时间就成为精益生产的又一重要目标，从而确保企业生产运行的效率达到最大化，而这也正是能源企业在生产运行过程中必须坚持的思想和原则所在。

4. 科学降低生产运行总成本

就企业生产运行的全过程而言，最终的目标就是要让企业本身不仅可以保证产品的质量，同时还能确保自身的社会效益和经济效益的最大化。其间，总成本的有效控制固然成为实现该目标的重要影响因素之一，有效降低生产运行总成本自然成为企业生产运行全过程的关键所在。对此，能源企业在当今时代背景下的生产运行过程中，管理工作的全面开展要以科学降低生产运行总成本作为重要目标，从而确保企业自身的社会效益和经济效益实现最大化。

第三章　数字化协同管理平台

在当今大型企业生产运行管理系统中，大数据、云计算、人工智能、物联网等新技术的应用主要体现在数字化管理平台的全面构建与应用。但是随着企业规模的不断扩大，生产运行过程中的环节也随之不断增加，这不仅对当今大型企业管理工作提出了更高要求，同时也对上述新技术的使用提出了诸多新挑战。在该背景之下，数字化协同管理平台也呈现在广大企业管理者面前，其基本框架和建设过程中的侧重点更是值得广大学者，以及企业管理者不断进行深入思考。

第一节　数字化协同管理平台框架

"管理"作为企业实现价值最大化的根本保证，管理质量和管理水平显然直接关乎企业能否实现价值最大化。随着中国信息技术水平的飞速提升，一系列先进的技术手段如雨后春笋般出现，为现代企业管理工作的高质量开展提供了强大的技术支撑。其中，数字化协同管理平台作为其中的重要代表，深受广大企业的青睐。为此，在深入研究企业数字化协同管理平台的基本框架构成的过程中，需要高度明确数字化协同管理平台在企业生产运行管理中所展现出的具体优势，这样不仅可以为有效设计数字化协同管理平台框架指明方向，更能确保其框架设计具有高度的科学性与合理性。

一、数字化协同管理平台的应用优势

数字化协同管理平台之所以深受各大企业的青睐，其原因就是在维持企业生产运行的过程中，展现出的应用优势较为明显，能够满足企业在生产运行过程中的各种需要，如管理工作的便捷性、动态化和延伸性、协同性更高等。针对于此，在进行企业数字化协同管理平台框架分析之前，应先明确数字化协同管理平台的应用优势，从而充分反映出数字化协同管理平台在企业中应用的价值。

（一）完全的移动性

在企业生产运行管理的全过程中，分散的管理主体都可以通过有线或者无线终端设备，实现各管理层级可以随时随地接入数字管理系统，从而有效保障企业生产运行管理工作效率，极大程度提升企业在生产和运行阶段的安全管理、成本管理、风险管理的效果。在这一过程中，各层级管理人员不会因为受到时间和空间的限制而终止生产运行管理工作，从而保证每个环节都能做到实时监控，并且将监控中所上传的数据进行有效分析、处理、存储、应用，以此来保证企业生产运行全过程管理时时刻刻都能保持相互协同的状态。

（二）动态的延伸

在企业生产运行管理工作的开展过程中，数字化管理协同系统的应用可以做到不同层级、不同部门、不同工作岗位结合其实际情况，各自建立一个可满足协同应用要求的子系统。如果需要组织、部门、工作岗位之间的交叉或者关联应用，那么这些协同应用子系统可随时进行跨系统、跨组织、跨工作岗位的无缝连接，进而建立一个协同性极强的应用体系，从而确保企业生产运行管理工作能够形成动态化和延伸性的组织协同管理局面，突出企业生产运行管理流程的及时性和延伸性优势。

（三）高度的柔性

在企业数字化系统管理平台的基本构成条件中，要将动态化的团队协作视为基础，确保不同层级、不同部门、不同工作岗位之间能够以数据中心为主体，建立一个具有通用性和适合本组织层级、部门、工作岗位的管理平台。该平台在日常运行中，能够高度协同管理企业生产运行全过程，确保始终保持半规范化的流程管理状态，同时有效调整人力资源结构信息，使企业管理过程能够更好地应对各种需要。

（四）信息的高度共享

在企业数字化系统管理平台的运行过程中，给人们最直观的表现在于两方面：一是表单的载体性较为突出，二是数据的核心作用较为明显。正是由于这两个表现较为明显，所以才能确保企业在生产运行过程中，不同层级管理者和工作人员之间能够保持及时的信息共享，让企业生产运行全流程的上游与下游之间联系较为紧密。通过这样的方式，企业可以确保在生产运行过程中实现有效的沟通和交流，避免信息孤岛现象的出现，从而最大限度地提高协同效率。

二、数字化协同管理平台框架的基本框架

在管理学领域，协同管理的实现通常依赖于人力资源与工作流的有机结合。因此，在进行数字化协同管理平台框架的设计时，必须将人力资源和工作流作为框架的核心主体。这样，企业生产运行的全过程才能实现人力资源结构和工作流程的有效调整，从而确保资源和成本得到有效控制，为最大限度地提升企业生产运行效率提供有力的保障。

（一）人力资源

在企业数字化协同管理平台中，人力资源泛指协同对象，也就是协同管理平台为谁开放，这里泛指使用者。针对具备使用数字化协同管理平台的企业而言，普遍在协同对象方面会体现出较强的复杂性，对此笔者在进行数字化协同管理平台人力资源部分的框架构成设计中，按照分配功能和权限，将其分为以下三类：

1.提报人员

该类型人力资源泛指在企业生产运行过程中，进行各类工作流程、工作日志、工作业绩填写和提交的工作人员，其中不仅包括生产运行的具体项目负责人，还包括本科室的科员等，通常这些工作人员也是生产运行各阶段各类表单数据和生产运行历程的发起人。提报人员在各管理子系统中负责查阅和提交所在部门或科室的具体工作任务完成情况，以及在任务完成过程中出现的具体情况。另外，提报人员在企业数字化协同管理子系统中还有权查阅基础数据，如具体法律法规、企业规章制度、项目文件模板等。

2.管理人员

在企业数字化协同管理平台中，管理人员泛指对生产运行各个流程进行审批，以及对各项基础数据进行管理的管理人员。在这里，既包括各层级、各部门主管领导，还包括各部门的业务负责人。在数字化协同管理平台中，管理人员的工作流程主要包括审批、修改、退回、查询统计等操作步骤，只要做到根据企业所赋予的管理人员管理权限范围，就可以实现对管理人员的管理工作业务范围进行有效分配。

3.关联人员

在企业生产运行数字化协同管理平台中，“关联人员”是指除提报人员和管理人员之外的人员总称，他们虽然不会对生产运行过程中的项目进行审批和管理，也不会对生产运行过程中的任务完成情况和完成任务中遇到的情况进行上报，但是他们通常直接参与生产活动或为各项流程提供直接服务和保障。在这里，关联人员在企业生产运行数字协同管理平台的子系统中并没有操作权限，只具有向系统录入生产数据和信息的权限，所以这些人员也是维持企业生产运行协同管理平台有效运作的基础所在。

（二）工作流

在企业数字化协同管理平台的基本框架中，工作流是该平台的核心组成部分，是相关工作人员在进行相关数据处理之后，将所有工作人员紧密联系在一起，为了共同的企业发展目标而付出努力，从而形成企业生产运行管理工作的各个部分和细节。针对当前能源企业而言，在生产运行过程的协同管理工作中，根据具体的业务流程，数字化协同管理平台的工作流可以分为多个部分，具体如下：

1. 立项管理

在企业生产运行管理中，立项管理是指企业项目负责人通过有效的方式，明确项目建立的具体信息，以及负责该项目生产运行工作的技术部门、业务部门、项目负责部门。立项管理工作通常始于立项申请环节，中间流程则需要力道部门、技术部门、业务部门进行项目建立的审查，终止于项目最终的确立和下达。也就是说，在企业生产运行过程中，立项管理是协同管理的初始阶段，其管理的质量与水平则会对企业生产运行全过程造成直接影响。

2. 方案管理

在企业生产运行管理工作中，方案管理被视为准备阶段的管理工作，直接关系到立项管理工作能否顺利进行。因此，只有在方案管理流程完成后，才能确定项目是否具备立项条件、项目在生产运行活动中是否具有可行性，以及其经济价值和社会效益是否与企业发展的战略目标相统一。如果上述几个方面得到肯定答案，项目实施生产运行方案才能进入立项管理流程。

3. 选商管理

该项管理工作是在项目生产运行方案审核通过之后，针对项目负责部门具体的选商方式进行审批和管理。在这里，主要针对项目招投标方案、招投标文件、选商方式的转变、竞争性谈判文件、设备及材料采购方案进行审批和管理，由此来确保项目生产运行的全过程能够具备理想的前提条件。由此可见，该项管理作为企业生产运行全过程顺利进行的又一重要保障条件，所以在企业数字化协同管理平台中必须作为基础的组成部分。

4. 承包商管理

在企业生产运行的全过程中，在生产运行项目正式确立之后，针对项目的不同领域或环节必然会有承包商来分块承担。这样不仅可以确保企业减轻生产运行过程中的压力，同时还能做到对资源和成本的有效控制，从而让企业的社会效益和经济利益实现最大化。对此，这也需要企业针对承包商进行系统性的管理，其中不仅要包括承包商企业的名称，还要包括承包商企业的信用代码、资质、法人、联系人的相关信息进行全面了解和录入管理，最终生成承包商管理档案。

5. 合同管理

在企业生产运行过程中，承包商的有效确定则意味着项目的实施主体已经得到高度明确，只需要根据具体项目生产运行的要求完成相关的任务即可，这样企业生产运行的社会效益和经济利益就可以随之产生。可是，企业与承包商之间应该履行怎样的义务必须高度明确，如果不能做到这一点，那么势必会让企业生产运行过程在人力、物力、财力上有更多的付出，其成本和风险也会随之升高。对此，这就需要企业与承包商之间明确承包合同，并且针对合同进行系统化管理。具体包括合同编号、合同金额、项目工期、合同附件等信息的录入，确保企业和承包方能够按照合同要求履行各自的责任和义务，确保项目生产运行的质量与速度。

6.生产管理

在企业生产运行过程中，产品的生产过程显然是企业的“命脉”所在，生产过程是否顺利、是否按照预定要求和标准来完成、是否有资源浪费情况的存在固然会决定企业的成本与风险。因此，在企业数字化协同管理平台的基本构成中，生产管理应作为核心部分之一，其任务和功能主要体现在对开工、进度、验收、工作量等信息进行全面核实，之后要将其录入系统并提交至上级部门审批。由于企业项目生产运行全过程具有高度的系统性，所以该管理模块本身的内部结构也相对复杂，所录入的信息不仅数量较大，同时信息的性质和种类也相对较多。

7.进度周报管理

项目运行的进度象征着时间成本和人力资源成本，项目运行的周期越长则意味着投入的时间越多，对其他项目的顺利进行就会造成直接影响。同时，项目运行的时间越长也意味着企业要增派人手以最快的速度完成规定任务，这样所造成的开销也会随之增大，这两方面显然对企业的社会效益和经济利益带来直接影响。对此，在企业数字化协同管理平台的设计中，应将进度周报管理视为不可缺少的一部分，管理工作主要包括操作人员每周定期填写项目周报，将项目进行的时间进度加以明确，以供上级部门审批并根据实际情况做出相应的部署与调整。

8.材料管理

在企业生产运行过程中，材料就意味着成本，材料能否满足产品质量要求将会直接关乎能否满足市场需求。因此，确保材料的质量，同时有效降低生产运行的成本必然是企业生产运行有效进行成本与风险控制的关键，而这也说明材料管理在企业数字化协同管理平台设计中的重要性。在该管理模块中，应该包括材料管理部门对项目所需的材料购入、加工、使用过程，以及材料计划、库存情况、材料提供方具体信息的录入与管理，从而确保企业产品生产与运行的材料安全、成本控制、风险控制能够达到理想化。

9. 结算管理

众所周知，企业生产运行的全过程中，项目实施的过程既然有“始”，那么必然会有“终”，有始无终的项目必然会成为企业发展的累赘，有始有终的项目通常以“结算”为终点。但是，结算过程却是一项系统性和复杂程度较高的工作，如有差错必然会导致企业出现亏损。针对于此，系统的结算管理就成为企业数字化协同管理平台基本组成之一，其任务和作用就是将结算资料进行整合，在通过审核之后生成结算单审批，进入该环节也标志着企业这一生产运行周期顺利结束。

第二节　数字化协同管理平台建设的侧重点

企业数字化协同管理平台的打造过程是一项系统工程，其中要做到以 SOA 框架为基础，同时还要将大数据技术、云计算技术、人工智能技术、物联网技术加以有效应用，由此才能设计出符合企业发展要求的数字化协同管理平台。在这里，笔者认为该平台建设过程正式开始之前，有几个侧重点应该加以高度明确。

一、架构设计

在企业数字化协同管理平台的设计中，先要明确以 SOA 框架作为基础，将该平台的内部组成要素加以高度明确，由此方可确保企业数字化协同管理平台的结构完整性与合理性。在这里，笔者认为主要应该包括九个基本结构要素，具体如图 3–1 所示：

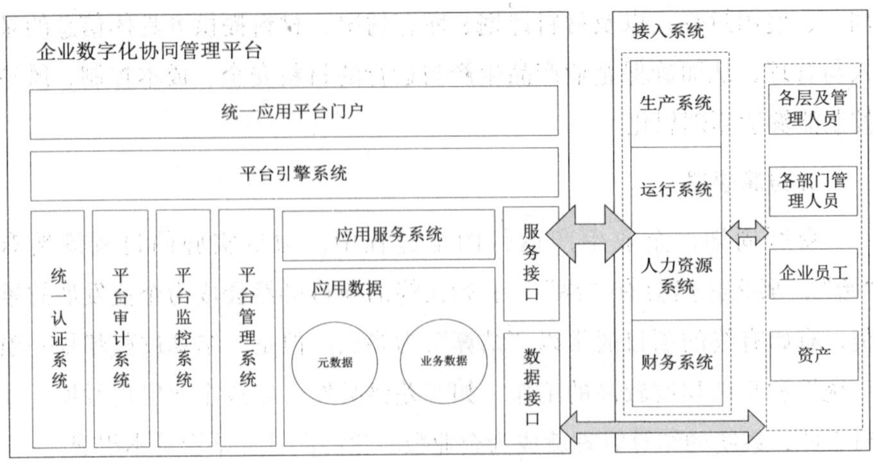

图 3-1 企业数字化协同管理平台架构设计

在图 3-1 中，统一应用平台门户的作用在于为企业各级层管理者提供导航、登录、个性化设置、消息提醒等动能，确保各级管理者在使用数字化协同管理平台过程中，可以充分感受到方便与快捷，从而对提高企业生产运行管理效率夯实基础。平台引擎系统则是为企业数字化协同管理平台建设提供一个理想载体，主要的作用在于能够将企业生产运行管理子系统进行驱动，并且能够让其顺利接入数字化协同管理平台之中，以协调和服务的形式来保障企业数字化协同管理平台的顺利运行。在该结构要素中，主要承担的任务包括企业资源管理、生产运行服务线路、生产运行流程管理、生产运行服务调度、各管理子系统的接入适配管理、数据传输管理等。统一认证系统所肩负的主要任务在于有效管理该协同管理平台权限，让企业各基层管理人员的认证工作实现高度集中。平台审计系统则是针对平台中所产生的日志预报警信息进行实时整合与审计，并且将这些信息及时传送至企业各管理子系统之中，为各级层管理者和不同岗位工作人员的实时沟通与交流提供有力保证。平台监控系统的主要任务在于将企业内部各级管理子系统向该协同管理平台传输数据的情况，以及数据传输过程中的系统运行状态进行监控，以此来保障企业生产运行过程一旦出现错误，那么数据传输的过程就会向协同管理平台发送提示信息。平台管理系统主要的任务就是确保平台后台操作能够稳步运行，对协同管理平台设备、应用、引擎、共享资源库等多个领域进行有效管理。

而在接口部分的要素中，主要包括服务接口和数据接口两部分。服务接口主要负责方便系统与系统之间的数据交换，以及流程的整合。数据接口主要的任务就是将数据进行清洗，之后再进行数据迁移，最终实现数据层能够与外界系统之间形成数据信息整合、交换。应用数据这一要素的主要任务就是为了能够确保平台内数据可实现同时分析和同时共享，所以该平台的应用层数据主要可以划分为三个层次：第一层为分析数据层，第二层为数据层，第三层则是共享保密数据层。

二、数据层整合

就企业数字化协同管理平台而言，最理想的状态就是只存在一个应用程序和一个数据库。可是就事实而言，企业管理者需要分析生产运行过程与系统之间存在的相互影响，从中辨明会有哪些矛盾存在，以及中央处理器和数据输入 / 资源输出之间会有这样的壁垒。所以，在企业数字化协同管理平台的设计过程中，其实质就是将数据库比作“图书馆”，从物理学的角度将应用进行具体部署，其中就包括数据库分区和数据库技术的应用，通过聚类的方法将企业数字化协同管理平台的功能性问题加以解决。另外，还要通过集群的方式将所有的组件进行经营，让组件之间的服务通过数据共享方式来实现互通互联，这样企业数字化协同管理平台的数据存储与整合随之完成，具体框架设计如图 3-2 所示：

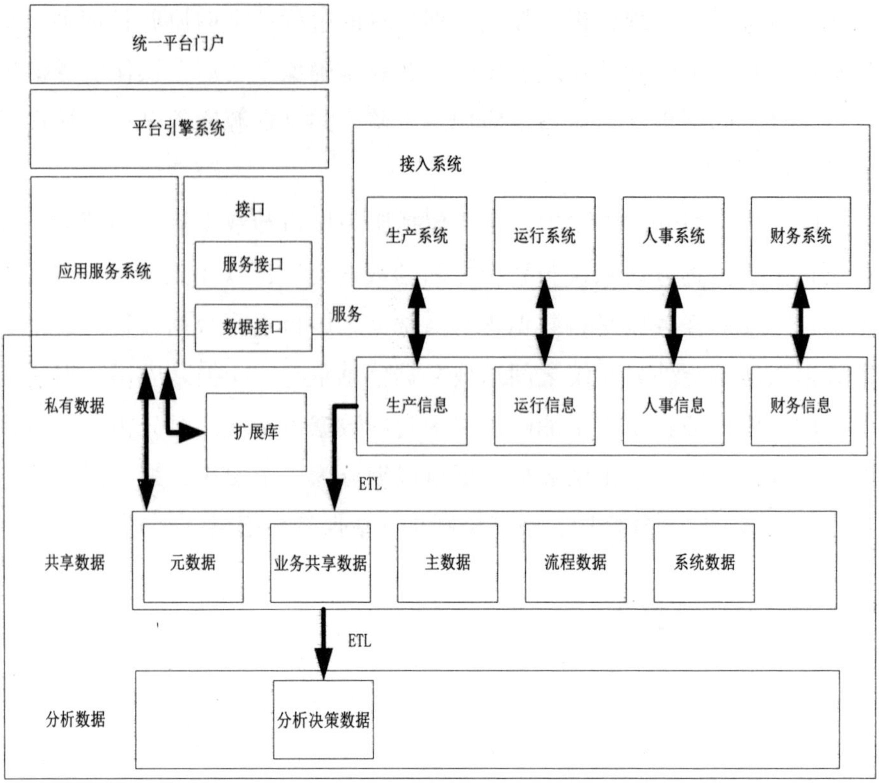

图 3-2　SOA 数据层整合框架设计

结合图 3-2 的框架设计，不难发现在进行数据层整合的过程中，先要明确数据集成应用的具体需要是什么，即：能够录入生产运行流程和应用程序的相关数据，并且还要有明确的数据标准、数据存储功能、数据库类型的应用、技术指标的确定等。因为只有达到以上这些要求，那么数据库才能真正实现数据共享、提取组织、最终决定企业生产运行的数据分析结果。针对于此，可以总结出企业数字化协同管理平台数据应用的具体需求主要集中在数字集成、数据文件交换、服务数据交换。其中，针对数据交换而言，管理平台设计人员应该明确具体的数据文件交换方式、ETL 方式、服务数据交换的具体方式是什么。数据文件交换是一种具有辅助性、完整性、统一性的数据集成和集中方式，这种数据文件交换方式通常在同类型数据库中才会有效，也就是指第一源数据库所标记为数据文件的分组数据交换通常具备有效性，在数据文件交换之后会被自动导入目标数据库的数据文件数据包之内。ETL 数据交换方式是指先经过抽取企业生产运行管理系统的数据，然后进行数据清洗，在经过数据交换后加载至数据库之中，该数据交换方法显然更加适合在大型企业生产运行管理平台中应用，可以确保分散型企业较为杂乱，并且数据标准不统一的数据集成集中于数据库之中。服务数据交换方式则是指在企业生产运行管理系统中，通过数据库来保存生产运行过程中的所有数据，这就意味着该管理系统不仅要运行自身的程序，同时还要兼具与之相关的业务功能和新的服务接口，通过新的服务接口向企业生产运行管理平台传输数据，从而实现数据交换。

三、应用层整合

在企业数字化协同管理平台设计中，通常采用三层开发的方式来进行，即：逻辑层、生产运行逻辑层、数据库逻辑层。这样的三层体系结构可以让生产运行的全过程紧密结合起来，从而确保对企业生产运行的管理能够顺利进行。然而，在这一阶段需要立足企业原有的系统，通过系统集成的方法，结合企业生产运行管理中的实际需要，有针对性地开发出企业数字化协同管理系统的应用层。在这里，广大设计人员需要深刻意识到无业务交叉系统设计的重要性所在。所谓的“无业务交叉系统”，就是指无业务的跨系统，该系统本身具有操作性、独立性、与其他系统之间的整合性较强三个优势，让企业在生产运行协同管理平台的构建中，有效避免过于依赖信息量较少的系统这一情况出现，整合后的应用层模型具体如图 3-3 所示：

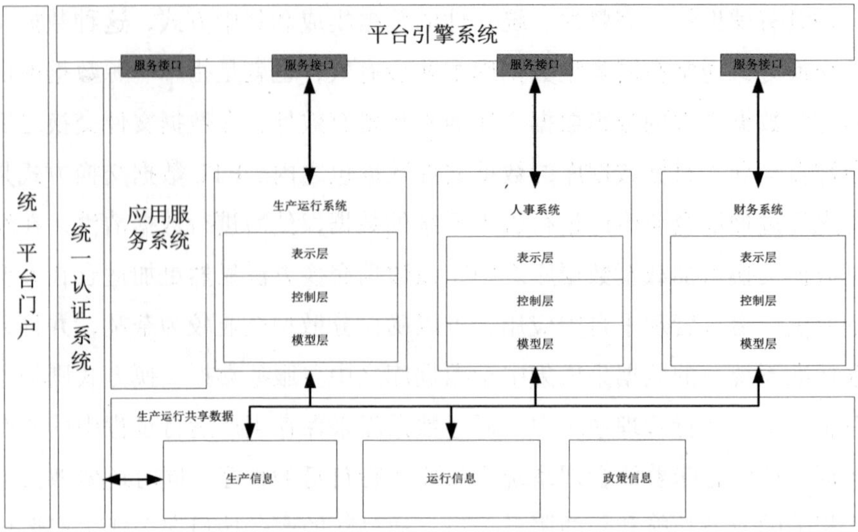

图 3–3　业务较差系统整合模式

通过图 3–3 不难发现，整个应用层会被打包为 Web 服务，进而让应用层的集成业务功能完整展现在企业管理者面前。其中，这些被打包的服务功能则会被注册至企业数字化协同管理平台的发动机系统之上，一旦出现新的应用程序依然使用现有服务，那么这个新的服务可以通过传讯平台引擎系统服务描述，并通过利用 SOAP 消息中的描述服务，实现新的应用程序与协同管理平台互动。在该平台引擎系统服务运行过程中，WSDL 合同约定标准、软件供应商提供的接入链路方法、输入和输出格式标准与新的应用程序之间存在明显差异，所以新的应用程序并不能直接访问平台引擎系统的服务，需要注册和发布平台引擎系统的供应商通过服务请求，在这里，笔者认为可以通过不同的软件系统来建立一个全新的 Web 服务技术合同，将数据格式标准进行明确定义，并做到新的服务程序与平台引擎系统之间相互承认，从而确保功能程序之间的消息能够实现有效传递。除此之外，遗留下来的应用程序应该作为 Web 服务封装业务功能，从而确保应用程序在企业数字化协同管理平台中顺利运行。

四、流程层整合

针对企业数字化协同管理平台而言，在以SOA框架为基础进行该平台设计时，需要高度明确该平台的建设就是要打破常规，让割裂的生产运行管理过程能够保持紧密联系，形成跨系统运作模式。在这里，需要建立一个该平台生命周期控制与管理模型和生产运行流程模型。在此期间，可以根据工作流技术，通过生产运行流程执行的语言和web服务技术来集成过程层。由于工作流技术能够充分实现企业生产运行工作人员和信息系统之间的交互水平，确保企业生产运行效率的全面提升，所以在进行企业数字化协同管理平台的交流层设计过程中，将人的活动、机械活动、自动化的生产运行流程作为基本组成，对生产运行流程进行有效定义和管理，实现调度执行步骤能够按照定义的业务规则来进行，甚至在特殊情况直线工作流管理技术可以与其他领域或部门的应用程序保持交流合作，从而实现对企业生产运行流程的有效管理。

还需要提起高度注意的是，在设计面向企业生产运行全过程的集成服务支持层过程之中，其流动过程的每一个节点都应该是提供服务的服务层。每个服务通常要存在于生产运行管理系统的功能包之中，或者存储在新开发的Web服务应用程序包之内，每项服务都必须经过注册，之后注册时所绑定的组件要平台引擎系统基础平台相连接，其目的就是要让流程引擎之间的联系实现轻松耦合，并且能够为企业生产运行全过程提供新的服务应用程序。此外，还能确保企业数字化协同管理平台能够生成统一的监控平台服务和统一管理机制。

五、表现层整合

在企业数字化系统管理平台的表示层中，应该涉及诸多内部应用程序，同时还要能够应用门户技术将其整合为具有独特风格的平台界面，进而实现表示层内部元素的交互。其间，应用门户技术其实就是一个较为成熟的技术框架，能够为使用者提供同时登录访问多个程序的渠道，从而对多个程序中的信息和服务进行全面了解，而该技术则是通过运用集成解决方案来达到这一目的。在进行表示层的设计过程中，需要高度注意通过扩展网关功能组件，将应用平台门户网站进行高度统一，并且还要注重对现有的信息和服务进行合理设计，这样显然能够确保企业生产运行过程中的管理操作变得一目了然，具体模型如图 3-4 所示：

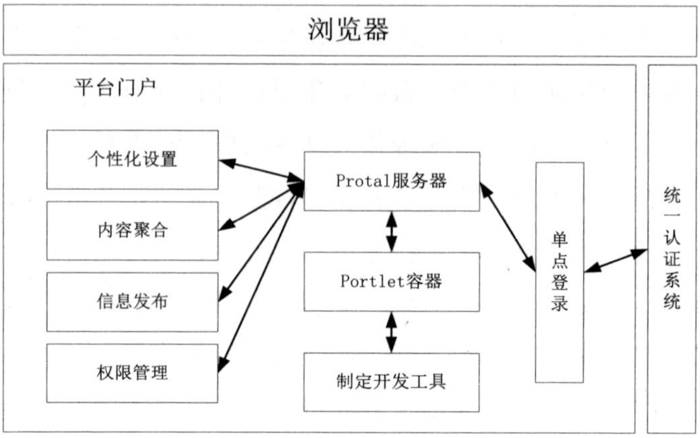

图 3-4　门户原理模型

通过图 3-4 可以看出，在企业数字化协同管理平台的表示层整合过程中，门户技术的应用需要有门户服务器和门户容器提供稳定的运行环境。其间，门户网站服务器可以为门户平台建立一个集个性化、单点登录、内容聚合、信息发布、权限管理功能于一体的门户运行环境，让多种数据来源在门户平台中都能被识别，并且数据信息之间可以任意组合，这样不同层级的管理者在管理权限的支持下，可以浏览企业生产运行过程中的不同信息内容。门户容器同样为门户平台的正常运行提供一个良好环境，能够对门户生命周期进行有效管理，让数据持久存储的过程中能够进行参数设置，这样企业数字化协同管理平台的运行界面可以保持高度稳定。

第四章 能源企业协同管理实践

协同管理是全面提升企业生产运行效率，有效控制生产运行成本与风险的重要举措，能源企业在谋求可持续发展的道路中更是如此。随着时代发展进程的不断加快，科学技术水平也正在以前所未有的速度快速提升，而这也为企业协同管理不断提供新的技术支持，数字化协同管理模式也随之应运而生，能源企业从中获得的收益更是较为显著。本章内容就以川西北气矿数字化协同管理实践成果为例，对其应用水平进行深入分析，从而为全面优化能源企业协同管理方案和路径夯实基础。

第一节 数字化协同管理在能源企业中的实践案例

随着数字时代的全面开启，能源企业数字化协同管理工作已经在全国范围内如火如荼开展，不仅为全面提高能源企业生产运行效率积累了丰富的经验，同时也为革新能源企业协同管理战略布局指明了方向。其中，中国石油西南油气田分公司所辖的川西北双鱼石、九龙山、龙岗西净化厂生产运行管控项目的落实在该领域取得了丰硕成果[①]，可以作为成功的实践案例进行分析。

① 邓启志．川西北气矿生产信息化工程建设管理研究与实践[J].石化技术，2018,25(1):1.

一、川西北双鱼石、九龙山、龙岗西净化厂生产运行管控项目介绍

川西北双鱼石、九龙山、龙岗西净化厂生产运行管控项目之所以在能源企业数字化协同管理企业中应用效果显著，其根本原因就是该项目在规划过程中，针对数字化管理的范围，以及数字化管控体系和自动分输系统建设方面做出了明确部署，从而确保数字技术能够成为全面提升川西北双鱼石、九龙山、龙岗西净化厂生产运行效率的重要保证。以下笔者就立足上述三个方面，将该项目做出系统介绍。

（一）数字化协同管理范围

川西北双鱼石、九龙山、龙岗西净化厂生产运行管控项目始终遵循“一个气田，一个中心”的管理理念，将三个净化厂的中央控制室、中心站、直管站纳入协同管理体系，并由控制中心直接管理，而广元作业区调度室的职能则上升至气矿调控中心，相关管理人员做出了一系列的转岗安排。

该项目将川西北双鱼石、九龙山、龙岗西净化厂中央控制室、中心站、直管站纳入协同管理体系的原因较为明显，就是由于双鱼石净化厂地处广元，与中国石油西南油气田分公司总部相距甚远，管理工作的开展需要经过层层传递，这为公司管理工作高质量运行增加了难度和压力。九龙山净化厂位于苍溪县九龙山顶，是中国石油西南油气田分公司川西北气矿的重要组成部分，川西北气矿生产运行科为该净化厂的生产运行主管单位。也就是说中国石油西南油气田分公司管理工作的全面开展，必须先经过川西北气矿生产运行科的调度与落实，再由该厂中央控制室、中心站、直管站进行部署与实施，既增加了管理工作的时间跨度，又增加了管理的工作量。龙岗西净化厂亦是如此，为中国石油西南油气田分公司提高生产运行效率带来了严峻挑战。随着数字化时代的到来，现代管理技术水平正在以前所未有的速度提升，这也为中国石油西南油气田

分公司管理工作的高质量开展带来了新机遇，同时伴随《川西北气矿“油公司”模式下数字化转型行动方案》等一系列政策的提出，明确提出能源企业要向“油公司”模式数字化转型这一新要求[①]，中国石油西南油气田分公司以政策为指导，在企业管理领域做出战略调整，将双鱼石、九龙山、龙岗西净化厂的中央控制室、中心站、直管站纳入数字化协同管理范围，以此来实现全面提升该公司管理质量与效率。

（二）一体化管控体系的基本构成

在川西北双鱼石、九龙山、龙岗西净化厂生产运行管控项目规划中，一体化管控体系的构建作为至关重要的内容之一，是实现中国石油西南油气田分公司协同管理的关键一环。而针对该项目规划中的一体化管控体系构成而言，集中体现于产、运、净、配、销区域一体化管控。

其中，“产”是指企业处理含硫天然气的环节，主要针对技术操作、物理防护、化学防护工作进行有效的管理，有效控制该环节的安全风险，全面提高净化厂的生产效率。“运”是指含硫天然气转运环节，主要针对含硫天然气运输车辆、防火车辆、转运人员进行有效管理，并且建立应急转运预案，以求将净化厂含硫天然气转运的安全环保风险降至最低。“净”是指含硫天然气净化环节，也是净化厂核心业务所在，主要针对含硫天然气脱硫、脱碳、脱水、硫黄回收、尾气处理、酸水汽提工艺的操作进行有效管理，最大限度减少该环节对人员、大气、设备的伤害，而这也是对净化厂有效进行成本控制的关键。“配”是指甲烷气体配输环节，主要针对常规配送方式中的船运、铁路运输、公路运输中的低温、压力、防爆措施、配送后的处理工作进行全面监督与管理，确保该环节的安全隐患能够得到全面控制，最大程度实现该清洁能源的安全存储与安全使用。“销”是指天然气销售环节，主要针对天然气调度、营销、计

---

① 贾静，陈林，付新，等．数字化转型背景下油气开发生产组织新模式探索[J]. 西南石油大学学报（社会科学版），2022（3）：1-9.

量工作进行有条不紊的管理，力保各个销售部门都能有充足的天然气储量，同时还能够实时掌握天然气市场走势，并满足广大用户的切实需求。将以上环节的管理工作通过数字技术实现“一体化”，促使双鱼石、九龙山、龙岗西净化厂之间形成多方协作的发展局面，不仅可以保证生产运行方便与快捷，更能提高中国石油西南油气田分公司川西北气矿管理的整体质量。

（三）自动分输系统的运行

该系统的目标是实现分输用户的自动控制，通过建立和运行自动分输系统来实现。该系统主要由 PLC 程序管理、数据库配置、自动分输系统调试三部分构成，力求双鱼石、九龙山、龙岗西净化厂所属天然气站的站内用户的天然气使用需求能够得到充分满足，同时既能降低净化厂天然气输送中间环节流转时间，还能提高所属场站控制系统的执行力度和运行效率。

在 PLC 程序管理方面，中国石油西南油气田分公司全面增加川西北双鱼石、九龙山、龙岗西净化厂自动分输点位，让 PLC 程序中的开放式输入点位得到有效增加，以此来改善所属场站统一调度难度大和值班人员工作繁忙的情况。与此同时，该公司还全面增加川西北双鱼石、九龙山、龙岗西净化厂不同权限下数据写入跟随程序，赋予净化厂内中心站可以根据设定值参数直接写入自动分输压力设定值的权利，从而确保净化厂内中心站和净化厂所属天然气站能够通过自动分数系统实现分输控制的自动切换。最后，该公司还针对川西北双鱼石、九龙山、龙岗西净化厂 PLC 程序的分数支路调节阀进行有效控制，通过 Ziegle−Nchols 算法，让所属的分输清管站能够根据运行经验，以及现场调试的实际情况，在进行压力自动调节时可以实现一次调节到位并且调节精度高，从而最大限度延长阀门使用寿命。

在数据库配置方面，中国石油西南油气田分公司在川西北双鱼石、九龙山、龙岗西净化厂自动分输系统中增加了 RCI 协议，该协议在自动分输系统中发挥了协议转换的作用。其中，无论是净化厂中心站的指令下发，还是净化厂和所属天然气站的数据采集工作的进行，都需要通过 RCI 协议与 Modus 协议的转换，让相应的数据地址、数据传播方式、数据处理方式变得更加准确，确保净化厂天然气分输的效率实现最大化。

在自动分输系统调试方面，中国石油西南油气田分公司针对川西北双鱼石、九龙山、龙岗西净化厂自动分输系统调试内容进行了明确规定，强调功能测试项目不仅要包括基本的分数系统阀门就地和远程切换功能测试，以及远控情况下的电动阀门开关指令和开度设定与反馈功能测试，还要包括自动分输投用与切换功能、手动与自动切换功能、日指定输气量下发功能等多项功能测试。以此确保自动分输系统的 PID 参数实现有效优化，同时能够实现输气量控制精度、输气压力控制水平全面提升等多个自动分输管控目标。

二、川西北双鱼石、九龙山、龙岗西净化厂生产运行管控项目的运行优势

川西北双鱼石、九龙山、龙岗西净化厂生产运行管控项目的运行，是对三个净化厂原有管理与控制模式的颠覆。其中最为突出的是管理和控制的高度协同、高度统一、高度完善。让管控工作所辖范围不仅做到对生产与运行领域的全覆盖，甚至还延伸至天然气销售领域。这样既能确保管理和控制的方案具有协同性，还能做到管理与控制的标准上具有统一性，以及管理与控制的措施具有高度完善性，而这也这正是该项目在实际运行中的优势所在。

（一）有利于对气矿产、运、销情况实现全面跟踪

高质量的管控模式通常会体现出“全过程性”这一重要特征，该特征中又会暗藏“深度”和“多维度”两个基本特点，而这些特点也正是管控模式运行过程与结果始终保持高质量的基本前提条件。川西北双鱼

石、九龙山、龙岗西净化厂生产运行管控项目的运行也充分体现了上述特点，对气矿产、运、销情况的全面掌握就是最直接，也是最有力的说明。

川西北双鱼石、九龙山、龙岗西净化厂生产运行管控项目的运行过程是以大数据技术为基础，通过计算机编程建立生产运行管控平台，再通过大数据技术将三个净化厂产、运、销领域的数据进行获取、与处理、分析、存储，最后结合数据分析的结果，来明确三个净化厂在上述领域的实际情况，并有针对性地做出相关决策。在数据获取的过程中，需要各岗位工作人员和负责人实时进行情况汇报，并将这些信息通过平台将其转化为相关数据，之后将数据进行全面归纳与整理，随之将其进行客观分析。

上述流程的运行是对三个净化厂在产、运、销领域运行状况的跟踪了解过程，进而让中国石油西南油气田分公司对三个净化厂的生产、运行、销售动态加以实时掌握。这虽然这并不是该公司全面运行该项目的最终目的，但可以为能够为上述三个领域高效率运行提供决策依据，为三个净化厂在生产过程、运行过程、销售过程始终保持高效率提供了理想前提条件。

（二）有利于全面掌握重点产能建设项目落实进程

随着我国能源产业发展进程的不断加快，转型升级已经成为中国能源产业未来发展的主要任务，“向新而变”“向绿而行”是转型升级道路中的基本方向。中国石油西南油气田分公司显然已经深刻意识到转型升级作为必然趋势，所以在川西北双鱼石、九龙山、龙岗西净化厂生产运行管控项目中，明确指出管控方案要突出重点的同时，确保管控的作用和价值能有实质性的体现，从而对重点产能建设项目的落实，以及全面掌握其落实进程起到重要推动作用。

在川西北双鱼石、九龙山、龙岗西净化厂生产运行管控项目中，高度明确了“集中管理”和“集中控制”两个基本要求，强调跨领域的协同管控和跨层级的协同应急响应，力保从生产到销售的管理工作高效开展，成本与风险控制的有效进行。在该项目的运行全过程中，每个领域的实际情况都会有实时跟踪和实时汇报，并且还会对其成本和风险进行有效分析，最终结合生产运行的实际情况做出科学合理，而且具有前瞻性的决策，以此来保障固有产能项目和面向未来发展的重点产能建设项目得到深化落实。

通过以上关于该项目运行所关注的重点，可以看出中国石油西南油气田分公司在川西北双鱼石、九龙山、龙岗西净化厂生产运行管控方面，不仅将发展的眼光落在传统优势项目的高质量发展之上，更高度兼顾了未来重点产能建设项目的深化落实上，让生产运行中的监督和管理，以及成本与风险控制过程更好地为企业转型升级提供有力保证，使该项目成为掌握并加快重点产能建设项目落实进程的重要推手。

（三）有利于钻井进度的加快

在川西北双鱼石、九龙山、龙岗西净化厂生产运行管控项目的运行过程中，控制中心针对各净化厂的天然气净化装置进行集中管控，确保净化装置中对于杂质、硫化氢、二氧化碳、水等成分的去除效果能够达到最佳，而这对加快钻井进度提供了重要保障条件①。具体而言，控制中心会对三个净化厂天然气净化装置的处理效率、经济性、环保性进行统一的管控，以求在专精设备运行过程能够免除在天然气杂质方面的后顾之忧，全力投入天然气开采工作。

针对天然气净化装置的处理效率而言，控制中心将天然气中的杂质处理能力和高价值成分的有效保留作为重中之重，强化对装置内部运作原理的有效把控，让反应器的结构设置以及催化剂的选择始终能够处于

① 胡治州，张海丽，胡依凡．强化过程管控确保危化品安全[J]. 现代职业安全，2022(7):3.

最佳状态，以此确保三个净化厂在天然气生产运行过程始终保持较高的效率。针对天然气净化装置的经济性而言，控制中心着重考虑了净化装置投入的回报率，以及能源损耗等多个方面，并以此为核心做出综合分析的基础上，确定净化装置的选择对象，以及最优的技术线路和催化剂，由此确保三个净化厂的天然气净化装置不仅能够有效提高能源利用效率，还能实现其经济效益的最大化。针对天然气净化装置的环保性而言，控制中心全面且深入地贯彻落实“绿水青山就是金山银山”这一发展理念，在三个净化厂的净化装置的污染物排放指标，以及净化装置的污染防范方面作为重点考察对象，确保净化装置本身不仅可以做到减少污染物的排放总量，同时一旦出现污染物排放总量超标的情况能够通过防范措施将其进行有效控制。

（四）有利于提升各类大修、停气碰头、清管作业工作效率

生产运行管控的最终目的在于确保企业生产与运行的过程更加顺利，尽可能避免生产与运行问题产生的同时，可以将不可避免的问题在第一时间有效解决，从而为生产运行效率的全面提升提供有力保证。就川西北双鱼石、九龙山、龙岗西净化厂而言，生产和运行的全过程显然有诸多问题不可避免，需要通过有效的管理和控制才能确保问题得到及时而又快速的解决。其中，“各类大修”“停气碰头”“清管作业”是重点所在。

关于“各类大修”的管控，该公司控制中心集中将三个净化厂的公用工程检修、火炬系统检修、控制系统升级改造作为重点关注对象，明确了公用介质阀门更换、火炬单元容器清淤检查、火炬点火控制系统检修、DCS 系统升级改造、SIS 系统升级等 16 个具体项目，确保三个净化厂生产运行能够始终处于“健康状态”。关于“停气碰头”的管控，该公司控制中心将重点放在上游阀门球阀的管控，以及应急预案的制定和不断优化方面，力保三个净化厂一旦出现该事故能够在第一时间做出反应，并且可以通过最有效的方案将厂区安全风险和环境安全风险降至最

低，从而为后续恢复生产运行提供有力保障。关于“清管作业”的管控，该公司管控中心将基础条件的分析、清管要求、技术要点、流程的管控作为主要任务，强调三个净化厂在进行清管作业的过程中，要先做到客观审视所具备的基础条件，并且通过物联网等平台建立作业区域监控网，同时做到清管要求、技术要点的掌握程度、清管流程上的高度统一，以此来保障天然气长输管道的畅通性。

（五）有利于全面提升自控测试计划落实率

在川西北双鱼石、九龙山、龙岗西净化厂生产运行管控项目的运行过程中，中国石油西南油气田分公司已经做到定期组织召开“强管理”和“科学控制”专题会议，针对阶段性制约净化厂整体发展的因素进行深入分析，并不断深化整改方案、整改措施、长效机制，从而确保三个净化厂管理控制的精准性。其间，公司以“形势、目标、任务、责任”作为切入点，确立将自控测试计划的落实作为生产运行管理控制的主要对象。

天然气净化厂生产运行的全过程中，设备内部的温度、湿度、气流情况、洁净度是影响产品质量和安全性的直接因素[①]，在生产运行过程中要按照规定的流程进行规范性检测。然而，单纯依靠人力完成该项工作势必会增加净化厂的工作强度，其检测的准确性也并不能得到充分保证。针对于此，川西北双鱼石、九龙山、龙岗西净化厂控制中心就通过数字技术建立企业系统平台，根据生产运行流程的明确规定，在系统中设定检测周期和检测标准，力求测试计划落实率的全面提升。

由于该企业协同管理平台具有预警功能，所以每当测试工作进度即将超出设定的参数值时，都会发出预警信息，其岗位工作人员随即开启手动检测模式，控制中心则随即针对企业协同管理平台的有关控制程序进行修补，从而确保测试计划的落实过程具有较高的自控性，由此让自

① 江晶晶，岳云喆，陈世明．工艺参数对 MDEA 脱硫装置安全平稳运行的影响分析[J]．石油与天然气化工，2019(3)：28-33.

控测试计划落实率得到有效提升。这样不仅最大限度提高了净化厂生产运行的安全性，同时也会对其安全风险所造成的损失提供有效控制，企业本身的社会效益和经济效益也由此得到有效保障。

三、川西北双鱼石、九龙山、龙岗西净化厂生产运行管控项目实践过程

在该生产运行管控项目实践过程中，中国石油西南油气田分公司深刻意识到该项目实践过程是一项系统工程，所以在实践过程的落实中明确指出基本的前提条件、动力条件、保障条件所在，由此确保该生产运行不仅能够实现高质量的管理，同时还能对其生产与运行的成本和风险形成有效控制。

（一）建章立制确保稳步推进生产受控管理

在川西北双鱼石、九龙山、龙岗西净化厂生产运行管控项目规划阶段，明确制定了关于巡查、气矿抽查、作业区数字化管理平台隐患闭环管理、作业区物联网信息化平台管理等方面规章制度，让川西北双鱼石、九龙山、龙岗西净化厂生产运行班组明确工作内容、流程、要求的同时，还能高度明确调控运行工作人员的基本职责，力保川西北双鱼石、九龙山、龙岗西净化厂生产运行的各个环节能够实现受控管理。

在工作内容方面，该生产运行管控项目规划阶段中，针对脱硫、脱水、过滤、分离、天然气进行增压、分析、检验数据、分离、回收低分子气态烃等内容上，做出了明确规定，建立集天然气生产、运行、净化、配输、销售全流程工作内容体系，让该项目所涉及的净化厂的所有工作内容成为一个整体。在工作流程方面，该生产管控项目在清管区、集气区、脱硫、脱水单元、硫黄回收单元的工作流程方面，也同样做出了明确规定，并且已经形成一整套完善的工作流程制度规范，从而确保净化厂各个生产流程和运行流程都能以高度规范和高度统一的姿态接受管控。在工作要求方面，该生产运行管控项目规划阶段就已经明确指出各个工

作流程和工作内容的具体落实过程中，必须做到要充分利用数字化管理平台和物联网信息化平台，实现对每个工作流程和工作内容的运行情况，以及完成情况进行全程跟踪与监督，从而为稳步推进川西北双鱼石、九龙山、龙岗西净化厂生产受控管理工作全面开展提供重要保障。在工作人员基本职责方面，该生产运行管控项目规划阶段中，针对供料净化车间岗位、内操岗位职责、主操岗位职责进行了明确规定，确保生产岗位工作人员和负责人能够高度明确自身的工作范畴和应该保持的职业态度，以此来助力稳步推进川西北双鱼石、九龙山、龙岗西净化厂生产受控管理的全面实现。

（二）跨领域集中调控

在这里，所谓的“跨领域”，是指以控制中心为调控主体，针对生产过程、运行过程、净化过程、输配过程进行统一协调与控制，在最短的时间内能够将每个工作流程的各个细节进行跟踪，做到掌握其实际情况的基础上，对其实施过程进行有效优化与调整，确保生产运行的全过程始终可以处于安全和高效的状态，最终让质量过硬的产品能够进入天然气公司和加气站，全面提升了中国石油西南油气田分公司质量管理控制的整体水平，针对该项目的跨领域集中调控流程如图 4-1 所示：

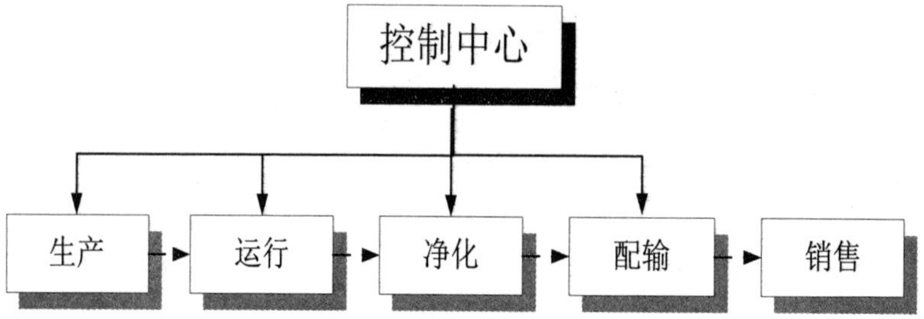

图 4-1　川西北双鱼石、九龙山、龙岗西净化厂生产运行管理跨领域集中调控

在图 4-1 所呈现出的跨领域集中调控实施路径中可以看出，该生产运行管控项目的落实有着明确的核心，即：控制中心作为上述三个净化厂生产运行全过程的“中枢神经”，无论是在生产与运行全过程中，还是在净化与配输的全过程中，始终以保持生产技术、运行流程、净化方法、配输方案的科学性与合理性，保证每个领域的运行效率始终处于最佳状态。其间，控制中心对于三个净化厂生产领域的控制主要体现在生产流程的常规巡检、管道监控、作业管控、计划管理、过程控制等方面，确保生产过程安全而又顺利地进行。对三个净化厂运行领域的控制不仅体现在上述生产领域的控制方面，同时还体现在应急控制和生产准备方面，力求三个净化厂不仅能够拥有充足有利条件实施生产活动，同时还有一套完整的应急处置预案，确保生产与运行全过程的安全性。对三个净化厂净化领域的控制主要体现在净化工艺方面，具体包括胺液吸收塔与再生塔工艺设计的控制，以及富液闪蒸罐与贫富液换热器设计要点分析与优化方案的控制等，由此来保障净化厂在含硫天然气净化过程中不仅能够提升其净化质量，同时还能确保净化全流程的成本得到科学控制。对三个净化厂配输领域的控制主要针对天然气输差和配输管网进行有效控制，确保天然气公司日常充足供应的同时，还能确保调配、输送、存储的全过程的高度安全，做到既能保持生产运行成本的最小化，还能实现效益的最大化。

（三）跨层级应急联动

在该生产运行管控项目的落实过程中，控制中心通过大数据技术的全面应用，针对各领域的应急处置方案、部门人员疏散、应急处置决策、异常事件分析等方面进行集中控制，让处于不同层级的部门能够保持应急联动状态。这样不仅可以确保川西北双鱼石、九龙山、龙岗西净化厂的生产与运行始终处在拥有安全保障条件的状态之下。而这样的应急联动状态也被称之为跨层级应急联动，该机制的基本构成如图 4-2 所示：

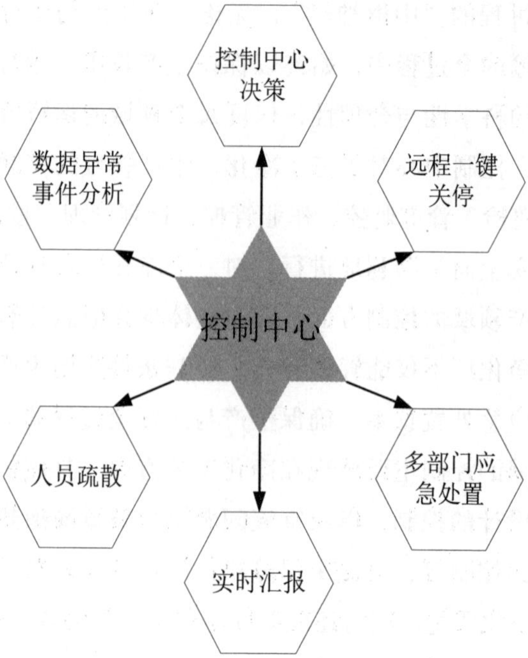

图 4-2　川西北双鱼石、九龙山、龙岗西净化厂生产运行管理跨层级联动

根据 4-2 所呈现的跨层级应急联动机制的基本构成条件，不难发现其构成要素涉及中控站、中心站、直观站的部分职能。但是，这些职能如果仅限于某一层级之内，或者某个净化厂的某个部门，那么一旦出现安全隐患必然会对该公司造成严重的生命财产损失。对此，通过大数据技术，让三个净化厂中控站、中心站、直观站的安全管理职能集中于控制中心，对安全工作进行集中管理与控制，必然能够确保三个净化厂始终能够处在防患于未然的生产运行状态。其间，数据异常事件的分析主要集中在异常事件原因的深入剖析，通过各项数据找出导致异常事件出现的主要因素。而控制中心决策则是以影响因素为依据，做出应急处理方案的有效制定。人员疏散和远程一键关停则是根据应急处理方案进行各岗位人员的及时调动，以及生产运行程序的及时关停。实时汇报则是确保生产运行过程中的实际情况能够在第一时间反馈至控制中心，为数据异常事件分析提供重要的信息来源。而多部门应急处置则是强调应急预案实施过程中，控制中心能够充分发挥出协调作用，让应急处置预案能够在不同层级的相关部门中得到积极响应，真正实现应急事件的处置过程保持“一动全动”的状态，并形成应急处置合力。

第二节　数字化协同管理的应用效果评估和总结

通过对川西北双鱼石、九龙山、龙岗西净化厂生产运行管控项目的具体介绍，以及在三个净化厂生产运行过程中所采取的管理控制措施和实践流程，不难发现生产运行管理控制的基本运行模式已经发生了根本性改变，即：协同性和效率较高。根据《川西北气矿协同平台使用情况通报》显示，三个净化厂生产运行管理控制的整体效果较为理想。而这一整体效果的呈现显然与数字化协同管理的作用发挥存在紧密联系，本节内容则立足所取得的具体成果，将其数字化协同管理的应用效果进行客观评估与总结。

一、川西北双鱼石、九龙山、龙岗西净化厂生产运行管控应用效果评估

由于该项目是在《川西北气矿“油公司”模式下数字化转型行动方案》指导下全面运行，所以在运行效果的评估过程中，主要围绕数字化转型和智能化发展两个维度进行评估，而这也意味着评估结果必然会对能源企业管理协同与创新发展指明方向，具体效果评估主要以生产受控管理成效等多个方面。

（一）生产受控管理成效

在该项目的运行过程中，三个净化厂在实现生产领域的受控管理方面，强调进一步完善管理平台的功能性，确保三个净化厂在生产阶段能

够拥有强大的自动化生产动能。在此期间，三个净化厂控制中心根据生产领域的管理平台应用场景，并立足受控管理平台在实践应用过程中要发挥的主导作用，明确了受控管理平台建设与运行必须全面增强应用技术的先进性，让5G通信技术、大数据技术、人工智能技术能够成为三个净化厂生产领域受控管理平台建设与运行的技术支撑条件，而这也成就了当前三个净化厂生产受控管理取得显著成效，具体如表4-1所示。

表4-1 川西北双鱼石、九龙山、龙岗西净化厂生产受控管理成效一览表

受控管理范围	受控管理项目	运维状态	运维成果
生产受控管理	单井自控连锁	正常	连锁率达到100%
	单井全气藏安全连锁率	正常	连锁率达到100%
	信息化设备在线率	正常	在线率达到99%
	厂区信息化覆盖率	强化中	覆盖率已达到93%
	厂区生产自控连锁率	强化中	自控连锁率已达到100%
	生产数据上传	正常	上传率已达到98.8%
	低能耗一体化数据采集	正常	数据采集范围覆盖15座场站

据表4-1信息与数据显示，川西北双鱼石、九龙山、龙岗西净化厂在生产领域的受控管理实践中，信息化、数字化、智能化水平已经达到国家、行业、公司所提出的总体要求，为生产效率的全面提升提供了重要保证。具体而言，单井自控连锁率达到100%，则意味着天然气开采单井可以根据净化厂生产的实际需要全面进行远程遥控，确保高品质天然气净化处理拥有充足的原材料供应。单井全气藏安全连锁率达到100%，则充分说明生产领域的安全性得到了全面保障。信息化设备在线率达到99%，则意味着能够为三个净化厂在生产领域实现自动化管控提供充足而又有力的保障条件。厂区生产自控连锁率达到100%，说明三个净

化厂在生产领域能够保持高效率的协同管理控制。生产数据上传率达到98.8%，则有效说明三个净化厂在生产流程中的各个环节都能实现实时监控。而低能耗一体化数据采集范围覆盖15座场站，则说明三个净化厂在生产领域的受控管理方面已经向其他领域延伸，能够为能源企业数字化协同管理的深化落实开拓思路。

（二）运行受控管理成效

伴随《川西北气矿“油公司”模式下数字化转型行动方案》的深化落实，川西北双鱼石、九龙山、龙岗西净化厂高度明确以数字技术和智能技术为重要依托，既要强调生产领域的全流程管理控制，更要强调运行全过程的管理控制，从而形成一整套运行管理控制机制。其间，已经高度明确数字化运行是全面提升净化厂运行效率，以及确保运行管理协同性的关键。在具体落实过程中，根据国家、行业、公司的相关标准与规范，制定出3项有关制度和2项相关标准做法。除此之外，还系统完善了3项受控管理系统测试和维护的标准方案，以及3个信息化项目建设推荐做法。进而确保川西北双鱼石、九龙山、龙岗西净化厂在2023年上半年运行受控管理取得良好成效，具体如表4-1所示：

表4-2　川西北双鱼石、九龙山、龙岗西净化厂运行受控管理成效一览表

受控管理范围	受控管理项目	运行状态	运维成果
运行受控管理	运行管理平台运维保障	正常	保障率达到97.5%
	生产数据上传率	正常	上传率达到98.82%
	生产报表自动生成	正常	自动生成率达到96%
	生产报表自动生成准确率	–	准确率达到98%
	作业区数字化管理平台应用	推广中	实现场站全覆盖
	工作质量标准	发布中	完成率已超过99%
	问题上报	正常	问题总数达到5335项

结合表 4-2 所呈现的具体信息，不难发现该项目在运行受控管理过程中，已经达到管理平台的数字化和智能化发展要求，能够实现对三个净化厂的运行全过程实施监控，为“日日查、周考核”管理机制的全面落实提供了重要保障。在此期间，运行受控管理重点强调基础管理，将其重点不仅放在增强规章制度的完善性，还将生产数据的全面化管理视为重中之重，既强调全数据链的核查与整改，同时还要做到根据生产数据集成整合，以及智能分析系统的有效利用，全面开展生产领域的“周跟踪”和“月检查”工作，以此有效保证三个净化厂发展始终拥有强大的动力条件。除此之外，表格中的受控管理项目和有关数据还可以反映出三个净化厂在科室业务流程方面，能够保持相互协同。这样各科室的业务可以得到全面梳理，并且在业务流程流转和业务移动办公方面也会拥有较为理想的前提条件，这为三个净化厂日常运行效率和管理质量的全面提升提供了重要保证。

（三）生产运行方案与措施优化成效

纵观川西北双鱼石、九龙山、龙岗西净化厂运行受控管理运行的全过程，不难发现大数据、云计算、人工智能等新技术为之提供了强大的技术支撑。其间，大数据技术不仅支持生产、运行、净化、配输、营销流程的数据上传，同时还能将获取的数据进行自动处理和分析，并最终向控制中心提供具体的推荐信息，让生产运行方案与措施做出及时优化和调整。这显然让该生产运行受控管理项目的实施流程的优化与改进有据可依，对三个净化厂从生产到营销的运行效率提供重要保证，更能最大程度降低运行成本和风险。

（四）生产运行过程监控成效

在上文中，笔者已经明确在该生产运行管控项目的实施过程中，可以做到对生产领域保持“周跟踪”和“月检查”，对生产领域形成了过程性监控，对净化厂高品质天然气生产成本和风险的有效控制提供了重要保证。可是，针对三个净化厂日常运行领域方面的监督而言并没有做出明确部署，只能依靠大数据、云计算、人工智能技术进行自检和自调，并没有设置专门人员将运行过程中的数据进行监督，并将数据获取与处理过程中的误差进行实时控制。该现实情况必然会导致三个净化厂日常运行过程中出现成本与风险的不断提升，这势必会对其他领域工作的高质量开展带来严重威胁。

二、川西北双鱼石、九龙山、龙岗西净化厂生产运行管控应用过程总结

结合前文对川西北双鱼石、九龙山、龙岗西净化厂生产运行管控项目的实施过程，以及数字化协同管理应用效果评估的详细论述，不难发现其应用的整体效果较为理想。但不可否认的是，其应用过程还有诸多可优化和可完善的空间所在，为能源企业数字化协同管理的未来发展指明了方向。以下是笔者根据前文观点对川西北双鱼石、九龙山、龙岗西净化厂生产运行管控应用过程进行的系统性总结。

（一）通过技术手段进行能源企业生产运行科学管控的可行性较高

在川西北双鱼石、九龙山、龙岗西净化厂生产运行管控项目的深化落实过程中，可以看出三个净化厂以大数据、云计算、人工智能等技术，实现场间生产、运行、净化、配输、营销跨领域、跨层级的管理协同，确保三个净化厂日常生产经营过程能够保持全过程协同管理，并且能够实现成本与风险的科学控制，这也说明了通过技术手段进行能源企业生产运行科学管控的可行性较高。

具体而言，大数据技术的应用实现了对数据渠道的自主建立，形成集数据获取、处理、分析、存储、共享功能于一体的公共数据服务体系，为有效制定三个净化厂生产运行全过程协同管理控制决策提供了强有力的数据支持。同时，三个净化厂还实现了对获取和分析的数据进行数据信息的融合互动，确保每个净化厂之间能够针对生产运行过程中所存在

的现实情况做出具体回应，这样不仅实现了彼此之间在生产经营全过程的优势互补和资源互用，还提高了三个净化厂生产运行的整体效率和风险控制率。针对该技术的应用，还有一点需要加以特别强调，即：三个净化厂在通过大数据技术实现生产运行控制的过程中，实现了数据安全体系的构建。其中，既强调根据国家有关法律法规，提高数据安全制度的完善性，还实现由专业人员定期进行数据平台安全性的检测，由此确保三个净化厂在生产运行过程中的数据链始终能够保持在绝对安全的状态下运行，为其生产运行管控的高度协同化提供了重要保证。

云计算技术的应用实现了配输领域管控工作的高质量发展，形成了集访问层、Saas 层、服务管理层的净化厂配输管控体系。其间，不仅让净化厂配输领域工作开展能够实时掌握车辆和物资的保障情况，更能够为其管控过程提供良好的服务方案和保障措施，以此为三个净化厂生产运行全过程的高效率提供重要保证，具体技术应用架构如图 4-3 所示：

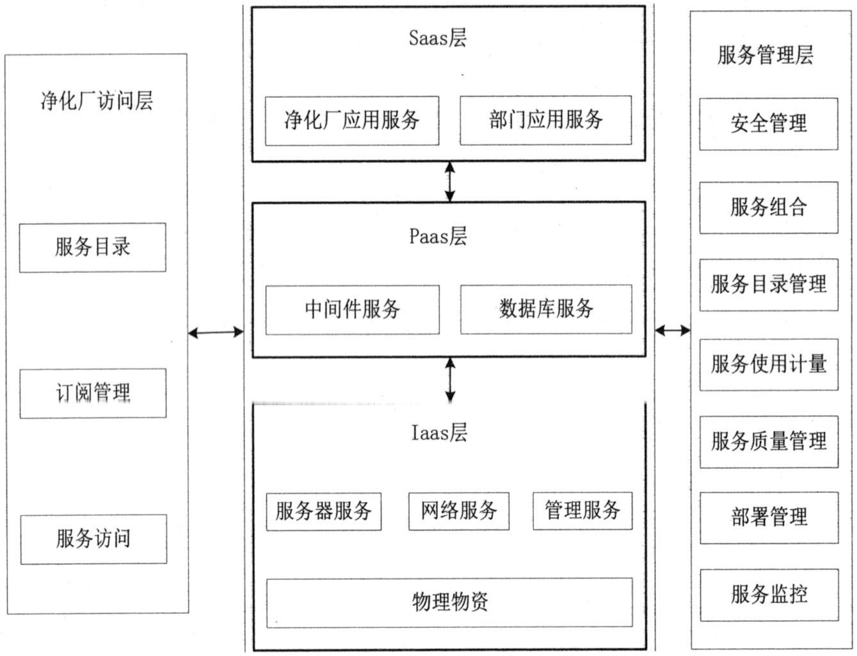

图 4-3　川西北双鱼石、九龙山、龙岗西净化厂生产运行云计算技术应用架构

人工智能技术的应用实现了为企业生产运行管理控制的协同提供智慧推荐，形成了集表现层、逻辑层、数据访问层、数据库层于一体的生产运行协同管控智慧推荐系统。其中，表现层则是为净化厂与系统交互提供页面展示，并显示和接收生产运行相关信息，逻辑层则是通过调用数据实现系统内的核心功能，数据访问层则直接操作数据库内的生产运行所有数据，实现有效增加、删除、修改、查询数据等操作，数据库层则主要将上述信息进行有效存储，并通过推荐算法向三个净化厂提供适用于生产运行协同管控的信息，具体如图 4-4 所示：

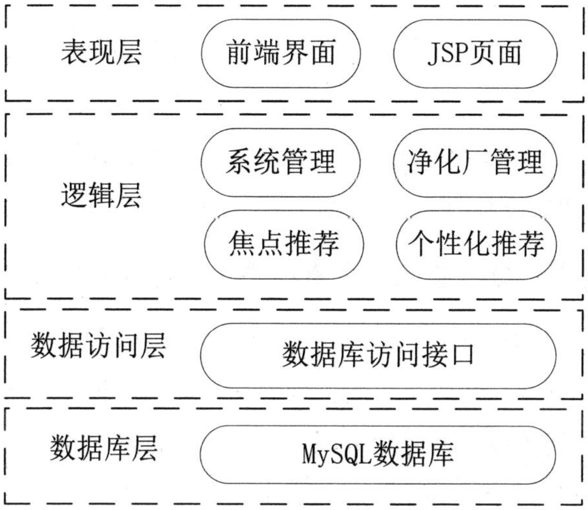

图 4-4 川西北双鱼石、九龙山、龙岗西净化厂生产运行智慧推荐系统模块

（二）通过技术手段进行能源企业生产运行科学管控已达到预期目标

在该生产运行管控项目的落实过程中，主要运用各种技术手段，以节能降耗、优化输配、合理使用、绿色清洁生产为目标，通过先进技术手段或采集管理设备将分布于净化厂各个角落的自动化控制设备、能源仪表、环境传感器等各种工业单元进行整合和连接，形成数据信息网，按照天然气净化厂业务管理需要实时获取数据，并在此基础上依据不同的业务需要建立多样化能源生产控制数学模型与管理模型，再以各种功能丰富的软件、系统作为数据计算、展示、管理的载体，以不同的信息形态面向净化厂企业各层级用户，实时、全方面、立体地展示车间区域、厂区域乃至整个净化厂区域的能源配置使用情况、工艺设备运行情况、物流组织情况、环保管理情况等。供控制中心对当前生产形式进行及时调整，同时为下一阶段的工作组织方向决策提供数据分析依据。另外，上述三个净化厂通过实行能源集中、扁平化、精细化控制，可降低人工成本，提升净化厂企业管理效率，减少事务处置环节，为净化厂的精细化管理提供基础数据，这对优化能源产耗平衡、减少碳排放、提高环保质量、降低天然气产量单耗都有重要作用，而且它对于事故预案的制定和执行、事故原因的快速分析和事故的及时判断处理、正常和异常情况下的能源供需的合理调整和平衡都十分合理。

（三）数字化协同管理的应用水平依然存在较大提升空间

结合前文对川西北双鱼石、九龙山、龙岗西净化厂生产运行管控项目运行过程，以及在数字化协同管理方面的评估结果，不难发现大数据、云计算、人工智能技术的有效应用，让三个净化厂在生产、运行、净化、配输、营销领域可以成为一个整体，管理工作的实施可以保证高度协同和统一，真正做到“优势互补”和“一动而全动”，有利于生产运行的成本控制和风险控制。但还有一定不可否认，在三个净化厂数字化协同管理过程中，还有较大的提升空间存在，其中评价体系的构建与完善就是具体体现。

具体而言，在该生产运行管控项目的实施过程中，在数字化协同管理工作质量方面尚未形成一个完整的评价体系。其中，评价总目标尚未清晰体现出来，同时在评价标准的制定和方法的选择方面也尚未涉及。除此之外，也未能形成一套系统性的评价指标体系，这显然不利于该项目深化落实过程中，科学优化和调整数字化协同管理方案和流程。需要特别强调的是，评价指标体系的构建是一项极为系统的工程，能够对评价结果的客观性造成直接影响，将其加以有效完善成为全面提升该生产运行项目数字化协同管理应用水平的重要切入点，评价体系其他构成要素也会随之得到完善，在理想状态下该生产运行管控项目数字化协同管理应用质量的评价指标体系应该包括四个维度，如表 4-3 所示：

表 4-3　川西北双鱼石、九龙山、龙岗西净化厂生产运行协同管控评价指标

绩效量化评价	一级评价指标	二级评价指标
绩效量化评价（A类）	工作数量	协调事务的总量
		处置事务的总量
		生产运行决策总数
	工作效率	平均协调事务的时间
		平均处置事务的时间
		平均决策时间
	工作质量	协调事务的质量
		处理事务的质量
		生产运行决策的质量
	工作效果	阶段性剩余事务待处理率
		经费预算执行率
		生产运行计划预算执行率

续 表

绩效量化评价	一级评价指标	二级评价指标
绩效量化评价（B类）	工作数量	发现生产运行矛盾数量
		参与协调与处置事务数量
		参与生产运行决策数量
	工作效率	平均处理问题时间
		规定时间特急事务处理率
		规定时间加急事务处理率
	工作质量	上报事务占事务处理总数的比例
		请示事务占事务处理总数的比例
		决策者事务处理质量
	工作效果	阶段性事务剩余待办率
		协调事务终止率
		处理事务终止率

在表 4-3 中，A 类绩效量化评价指标的四个维度主要体现出结果性特征，也就是说已经做了什么，已经呈现出怎样的效果，对该生产运行管控项目的落实已经产生了怎样的影响，从而让评价结果本身也体现出结果性特征，对阶段性优化该生产运行管控项目数字化协同管理方案和措施有着指导作用。而 B 类绩效量化评价指标的四个维度则体现出过程性特征，也就是说参与了哪些工作，参与过程中发挥了怎样的作用，参与过程对该生产运行管控项目能够产生怎样的影响，这样显然也让评价结果本身也具有过程性特征，能够为实施优化和改进该生产运行管控项目数字化协同管理方案和措施提供重要依据。

第五章　能源企业协同创新实践

结合对川西北地区能源企业数字化协同管理平台应用的案例分析，可以看出数字化协同管理在全面加快能源企业数字化转型道路中发挥出重要作用。但是协同管理平台的建设依然存在一定的可提升空间。为此，本章内容就针对可提升空间进行深入挖掘，从而形成一条切实可行的能源企业协同创新实践路径。

第一节　协同创新的理念与框架

本章内容以川西北气矿为例，针对企业生产运行过程中的数字化管理协同创新平台构建进行深入的研究与探索，其中，协同创新的理念与框架主要有三个部分构成。

一、升级优化基础设备设施，加强通信网络传输效率

为夯实数字化转型基础，川西北气矿对总体网络建设进行进一步完善。一是完成邛崃采气作业区完成“光通信”建设，接入带宽 10 M 提升至 100 M。二是完成气矿大厦汇聚交换设备升级，实现 1000 M 接入，提升网络运行的稳定性。三是实现外网接入端设备授权管理，有效阻止非法

准入终端进入网络。四是部署矿级办公网流量感知分析系统，保障办公业务的正常通讯。五是在办公网出口部署防火墙，进行策略阻断，保障清洁网络环境。六是旁路部署日志审计服务器，存储所有网络设备日志，提升气矿故障查询溯源能力。以稳定快速的通信速度，以安全可靠的网络环境，做气矿数字化转型的“护城河”，保障数字化转型的安全高效推进。

二、创新自控技术、优化自控设备，保障生产安全受控

创建自控工作室，推进运行操作、维护管理、编程组态三个方面能力提升。主持编制1000道试题，开展超10期专业操作培训、近20期FAT和SAT，带领工作室成员完成多项疑难攻关和典型故障处理，推广及应用成功案例、经验成果。在生产工作中集中优势力量，创新系统测试方式，提前组织开展现场测试和试验，解决各类问题1000余个，筑牢安全生产自控功能基础。完成剑阁礁滩区块、双鱼001-X9井等7个新建场站或装置共计13套控制系统测试工作。完成4个层级数据链的测试以及系统投用和装置投产，大幅缩短现场调试时间，助力建设提速上产和管理转型。二是开展自控系统4个层级5000个运行技术风险点的分析。收集整理近3年气矿41起自控系统典型故障，形成8大类79项检查表单，强化了自控系统在设计、建设、运维三个重要过程的质量管控，使自控业务技术风险管控能力得到较大提升。以技术创新、资源整合的方式为气矿数字化转型打好坚实基础。

三、简化融合应用系统，提升业务办公效能

按照“专业化运维，一体化管理”理念。一是开展协同平台应用2.0项目，搭建统一、协同、高效的协同办公平台，有效提升工作质量，体现管理效益和价值，推动业务数据链路闭环，逐步实现无纸化办公，并打通了跨部门的沟通壁垒，减少系统与系统之间录入的重复工作量。二

是在双鱼石片区，建设“厂区一体化协同”新型能力，打造双鱼石气田无泄漏示范区、开发管理“一张图”，推动生产过程一体化协同管控。三是强化数据治理，制定数据质量提升方案，开展数据质量核查，提升数据传输质量和准确率。以一体化、精细化的全新运维模式，加速推进气矿数字化转型进程。

第二节　协同创新实施管略

2023 年以来，川西北气矿紧紧围绕“转观念、勇担当、强管理、创一流”主题教育，以“自动化生产、数字化办公、智能化管理”为指引，按照《川西北气矿“油公司”模式下数字化转型行动方案》，把数字化转型、智能化发展打造为气矿的核心竞争力，紧紧抓住“强管理”助推数字化转型升级不动摇，实现叠加效应取得明显实效。

一、注重功能建设，有效提升自动化生产动能

充分发挥业务部门在应用场景设计与实施上的主导作用，充分融合管理与信息技术，促进管理业务转型升级，提高生产场站信息化覆盖率、网络通信正常率，融合运用 5G、大数据、人工智能等技术推动低成本高质量发展。实现开展视频智能安防、大数据智能分析、开发生产数据整合“一张图”、甲烷管控应用，实现了全区域联锁和一体化管控。探索净化系统管控，开展了自控系统提升、三维数字孪生、智能视频巡检、人员定位等工作，实现了智能辅助巡检和数字化管理，促进了“全面感知”和“自动化生产”能力的换挡升级。

二、夯实基础管理，明确提升数字化办公效率

基于国家、行业及公司相关标准规范，完成两化融合及信息化等制度修订3项、系统集成和典型画面绘制和功能要求标准做法2项、系统测试和维护标准方案3项、信息化项目建设推荐做法3项；建立“智能运维管理平台”，对信息化设备在线情况实时监控，形成“日检查、周考核”管理机制，平台对外委维护进行管理闭环，运维保障率97.5%；完善生产数据管理机制，开展全数据链核查整改，利用生产数据集成整合与智能分析系统跟踪数据质量，以周跟踪、月检查提升生产数据的监控能力，推进协同办公应用，完善各科室业务梳理，重塑管理流程，规范管理应用，实现部分业务流程线上流转、移动办公，提升气矿业务办理效率和管理质量。

三、加强人才建设，全面提升全员信息化能力

积极推动信息化人才队伍建设，通过人员组织转型、交流培训、微信答题、实操比赛等多种形式能力提升措施，促进人员信息化能力显著提升。在信息站建立“自控工作组”，将信息站由传统的通信系统技术支撑单位向“自控＋通信＋辅助设施”多元技术支撑单位转变，促进中心站人员转型。在中心站设置“兼职信息员”，由气矿重点培训，具备一定的信息化问题分析处置能力，“以点带面”带动其他人员能力提升。采取“请进来，走出去”开展培训，邀请华为、清华大学、和利时等院校、机构到气矿进行交流、授课培训，丰富气矿各级理论及实践知识；通过微信小程序“e训”开展线上答题活动，在全矿营造良好学习氛围。开展实操技术比赛，通过“接线、故障查找处理能力、程序编制、系统运行、测试组织”系统性的比赛方式，在实践中既提高了信息化技能水平，又培养了多专业协同配合能力。

下一步，气矿将围绕“4251”战略发展目标，以“两化融合”为抓

手，做好“数字化气田建设、基础管理提升、全员能力意识提升”三大系统工程，全力推动“生产过程一体化协同、协同办公深化应用、集中调控试点、数据治理”四项重点工作。利用信息技术缩短管理链条、提高管理效率，当好“两化融合”实践者、“数字化智能化发展”推动者，争做“智能气田”先行者，推进气矿“油公司”模式下的数字化升级转型开拓奋进，助力气矿打赢“建产 50 亿”新会战，为公司数字化转型、智能化发展贡献川西北力量。

第三节　协同创新的效果评估

在以川西北气矿为视角进行能源企业协同创新实施管路的路径研究，其最终的目的就是要将其可行性直观表现出来。对此，本节就立足协同创新的理念与框架，将协同创新实施管略的协同创新效果进行具体评估。

一、建设情况

以川西北气矿为例，协同拟上线表单流程 366 项，已完成建设 246 项，已测试上线 122 项，正在测试 124 项，无超期测试未完成项，具体见表 5-1。

表 5-1　川西北气矿 2022 年协同平台深化应用建设情况

序号	部门	计划建设表单业务流程数	建设情况		测试情况	
			已建	完成率	已上线	超期未完成测试
1	综合管理	20	12	60.00%	10	0
2	办公室（党委办公室）	18	16	88.89%	5	0

续 表

序号	部门	计划建设表单业务流程数	建设情况		测试情况	
			已建	完成率	已上线	超期未完成测试
3	企管法规科（内控与风险管理科）	37	27	72.97%	10	0
4	财务科	42	2	4.76%	0	0
5	质量安全环保科	18	12	66.67%	11	0
6	科技科	30	25	83.33%	0	0
7	党群工作科	6	6	100.00%	3	0
8	物资设备管理部	6	6	100.00%	6	0
9	信息管理部	32	25	78.13%	0	0
10	人事科（党委组织部）	21	19	90.48%	3	0
11	生产运行科	28	18	64.29%	0	0
12	基建工程管理部	–	–	–	–	0
13	开发科	30	5	16.70%	0	0
14	气矿业务管理部（老干部科）	1	1	100.00%	1	0
15	地质科	1	1	100.00%	1	0
16	行政事务中心	7	7	100.00%	7	0
17	财务共享服务中心	3	3	100.00%	3	0
18	剑阁净化厂	4	4	100.00%	0	0
19	工程项目造价中心	1	1	100.00%	1	0
20	广元作业区	6	6	100.00%	6	0
21	信息站	50	50	100.00%	50	0

续 表

序号	部门	计划建设表单业务流程数	建设情况		测试情况	
			已建	完成率	已上线	超期未完成测试
22	QHSE 监督站	5	5	100.00%	5	0
合计		366	246	67.21%	122	0

二、应用情况

（一）管理协同创新平台应用成果显著

协同上线表单流程业务 132 项（含往年建设 10 项），2022 年 9 月新增 25 项。截至 9 月 30 日，协同平台共发起表单流程 7132 次，办结率 90.62%，同上月比较增长 2.99%。本月新增 1590 次，办结流程新增 1345 次。使用数据在 3 次及以上的表单流程有 66 项，其中超过 10 次的有 42 项（办结率超过 70% 的有 38 项），上线 10 天以上没有表单使用数据的有 7 项，没有表单办结数据的有 9 项。

（二）使用频次高且效果较好的表单流程

办公室（党委办公室）主管的《周末值班表》、质量安全环保科主管的《员工外出审批表》、党群工作科主管的《川西北气矿工会活动申请审批单》、行政事务中心主管的《办公（生产）场所人员到访审批表》、财务共享服务中心主管的《川西北气矿费用报销审批单》、信息站主管的《宝利通视频会议申请表》等表单。

（三）业务办结率低的表单流程

物资设备管理部主管的《物资自购申请表》、质量安全环保科主管的《联系基层记录表》、工程项目造价中心主管的《设备材料价格信息台账》、广元作业区主管的《零星维修派工通知单》。业务流程发起人应加强流程跟踪，促使业务尽快办结；业务主管部门应指导推广应用，加强应用情况跟踪，促使业务闭环管理，针对设计不合理地方及时调整；各级人员应充分适应协同线上办公，及时处理协同办公平台上“待办事项”，提升业务办理效率，提升广大员工业务办理的体验度。

（四）使用频次较低或者没使用的表单流程

QHSE 监督站、广元作业区、质量安全环保科、物资设备管理部等部门的部分表单流程。业务主管部门应加强表单流程的推广使用，跟进使用情况。

三、可提升空间

部分人员不适应协同平台使用，平台“待办事项”长期不处理，办理业务不及时，导致部分业务处理时间周期长，影响气矿整体办公效率。另外，由于工作的调整，前期建设项目进度滞后，主要在方案设计时不周全，建设过程中调整过多，业务建完后测试时间过长，部分业务没有按照测试计划时间完成。

四、管理要求

要求一：川西北气矿所有人员完成手机 APP 安装，及时查阅、处理协同办公平台上“待办事项”，加快流程处理、形成流程闭环。

要求二：加快项目实施进度。各部门应高度重视，做好方案设计，加快业务建设，按照计划做好已建业务流程测试验证工作，尽早推进业务功能上线。

要求三：优化匹配制度。各部门充分利用协同办公平台规范管理，优化管理程序，适时调整相应管理制度，提升应用效果，推进气矿综合办公业务的数字化转型。

第四节　能源企业协同创新案例分析

由于四川省作为中国能源大省，所以川西北气矿作为中国能源产业的重要组成部分，能源企业数字化管理协同创新平台建设也取得了一系列重要成就。为此，以此为研究案例进行深入分析，显然可以对协同创新的理念与框架，以及协同创新实施管理的应用价值有效说明。

一、项目概述

（一）项目背景

1. 国家层面

“世界经济数字化转型是大势所趋”，加快推进信息化和工业化的深度融合，已经成为国家战略，是传统企业由产业数字化迈向数字产业化，实现健康、协调、可持续发展的必由之路。

2020 年 9 月 21 日，国资委发布《关于加快推进国有企业数字化转型工作的通知》-- 对能源企业的要求：加快建设推广智能油田，提高集成调度、远程操作、智能运维水平，强化能源数据资产建设，实现全业务链协同创新、高效运营和价值提升。

2. 集团层面

集团公司“十四五”信息规划，明确提出了“数字中国石油”建设目标。2021 年 9 月，集团公司发布《中国石油关于数字化转型智能化发展的指导意见》，旨在通过 IT 赋能，重塑企业发展新模式，加快形成新动能，从“产能驱动”转变为“创新驱动”，助力公司高质量发展。

2020 年 6 月，集团公司启动“综合办公管理平台建设”项目，致远公司协同办公软件中标。

3. 分公司层面

分公司“十四五”信息规划，明确提出了“智能油气田”建设目标。2021年1月，分公司工作会提出“天然气+”创新创效“五大模式”，加快构建数字化一体协同，加快数字化转型升级。2022年1月，公司工作会将数字化转型作为“四大工程”之一，突出构建三个一体化协同工作模式，推动业务管理向流程管理转变，着力跨领域、跨部门工作流程整体优化，推动公司组织效率、运营效率、治理效能提档升级。

2019，年分公司启动了“公同办公采台1.0”建设工程，并于2220年2月提前投入使用。该平台成为分公司九个核心信息管理平台之一，对协同办公业务发挥了重要的支持作用。2021年，分公司启动“协同办公平台2.0”前期工作，计划2022年开展建设。自2020年起，分公司各单位基于协同平台开展了大量应用，并取得了较好成效。

4. 气矿层面

2021年12月，气矿下发《川西北气矿“油公司”模式下数字化转型行动方案》，创新推动信息技术与主营业务深度融合，构建生产安全全面受控、数据应用集成共享、运行控制智能高效的“数字气矿”。2022年1月，气矿工作会将数字化智能化发展作为“两大创新”举措之一，当好“两化融合”实践者、“数字化智能化发展”推动者，争做“智能气田”先行者。

2022年1月，气矿工作会将“搭建全业务协同办公平台，推进机关业务管理流程线上运转”作为年度数字化转型重点工作之一。2022年2月，启动川西北气矿2022年协同平台深化应用项目建设前期工作。

（二）需求分析

1. 总体需求

协同平台总体需求围绕五方面内容进行分析，主要包括合规管理、精准执行、数据共享、移动办公、决策支持，其中：（1）合规管理主要包括合同管理、市场管理、法律合规管理、内控与风险管理、造价管理等；（2）精准执行主要包括督办管理、大修项目管理、现场检查、工程质量监督、HSE 监督等；（3）数据共享主要包括物资采购管理、应用系统管理等；（4）移动应用包括督办的移动端提醒和业务信息化的移动端实现，在实现移动端功能时根据移动端操作、显示特点并结合办公业务特点进行分析；（5）决策支持应用包括计划管理、预算管理、资金管理、生产调度管理等。

2.主要业务需求

业务需求涉及气矿各机关科（部）室、直属机构和直属单位，需实现自动督办、流程审批、协同办公等业务应用和移动端应用。根据需求调研的梳理，将业务需求分为三大类：综合管理类、党群工作类、业务执行类。

综合管理类业务需求：围绕气矿发展战略，解决气矿管理、职能部门服务支持能力与业务发展需求之间的不匹配问题，充分利用协同平台，提升气矿的综合管理、内部服务能力水平，提高综合管理效率、业务运作效率，推进机关业务管理流程线上运转，如大修项目管理、科技项目管理、生产运行计划管理、督办管理、合同管理等。

党群工作类需求：充分运用协同平台各项业务，创新思想文化宣传手段和宣传载体，提高党员管理工作的时代性、及时性、有效性；改变形式单一的活动方式，创建便捷高效、丰富多样的组织生活形式；构建党务工作者协同处理党内业务的新方式，建立党群互动新渠道，如员工生日慰问，党组织、团组织经费管理等。

业务执行类需求：创新推动信息技术与主营业务深度融合，构建生产安全全面受控、数据应用集成共享、运行控制智能高效的“数字气矿”。助力“油公司”模式改革、制度优化、流程再造、管理创新，推动气矿由生产型企业向经营性企业转变，由职能型组织向流程化组织转变，如台账管理，周报、月报收集，应用系统用户、权限新增变更等。

（三）项目目标

1. 阶段目标

（1）合规管理。落实制度，重点解决“有章不循”问题，优化完善配套制度、流程和表单。

（2）精准执行。落实责任，重点解决“执行不力”问题，杜绝制度和执行“两张皮现象”。

（3）数据共享。落实结果，重点解决“数据不实”问题，杜绝数据分散、信息孤岛。

（4）移动办公。提高效率，重点解决“时空受限”问题，随时随地，移动高效办公。

（5）决策支持。科学决策，重点解决“经验主义”问题，基于全面数据，支撑趋势分析。

2. 预期效果

（1）赋能人。管理提升，便捷查询、智能推送，实现对岗位员工的信息化赋能。

（2）规范事。质量提升，可视化业务开展，规范化办事流程，自动化督办监控。

（3）移动用。效率提升，移动办公、移动审批、移动跟踪、移动报表。

（4）数据通。价值提升，实现跨业务、跨系统数据联通，充分发挥、挖掘数据价值。

（5）决策优。效益提升，由经验执行向数据行动转变，向管理要效益，体现管理价值。

3. 愿景目标

（1）深化应用。全员、全业务、全流程，成为各级管理人员日常办公必需的管理工具。

（2）数字转型。推动业务数据链路闭环，实现气矿管理业务数字化转型。

（3）标杆典范。形成典型经验方法，争当公司、行业协同应用标杆和典范。

（四）实施策略及范围

1. 实施策略

（1）先试点。按"重要性、代表性、规范性、互补性"原则，借鉴公司、各单位好的成熟做法，坚持"急用先建、边建边用边完善"开发策略，选取各层级全业务、重点业务、规范业务试点。

（2）后推广。由点成线、由线及面，共性先行，点突破，线拉直、面开花。

（3）再深化。业务融合，价值融通，系统互联，数据互通。

2. 实施范围

（1）决策层。矿级领导：以"领导驾驶舱"方式呈现，重点在数据利用、综合分析、决策支撑等方面。

（3）管理层。两级机关部门（单位）：以"业务管理视图"方式呈现，重点在业务应用、数据串联、统计报表等方面。

（3）执行层。各级管理岗位：以"业务功能模块"方式呈现，重点在工作流转、协同办公、数据上线等方面。

本次川西北气矿2022年协同平台深化应用项目拟覆盖机关所有科（部）室、直属单位及基层试点单位广元采气作业区和剑阁天然气净化厂。表5-2是具体情况：

表 5-2　川西北气矿 2022 年协同平台深化应用项目实施范围

实施层级	组织架构	实施范围
决策层	矿级领导	领导空间
管理层（13+6）	机关科部室 13	办公室（党委办公室）
		企管法规科
		财务科
		开发科
		人事科
		生产运行科
		纪委办公室
		党群工作科
		质量安全环保科
		科技科
		规划计划科
		井工程管理科
		地质科
管理层（13+6）	直属机构 6	物资设备管理部
		信息管理部
		气矿业务管理部
		维稳信访管理部
		基建工程管理部
		管道与销售部

续 表

实施层级	组织架构	实施范围
执行层（6+2）	直属单位 6	行政事务中心
		信息站
		社会保险中心川西北管理所
		财务共享服务中心
		工程项目造价中心
		QHSE 监督站
	试点单位 2	剑阁天然气净化厂
		广元采气作业区

（五）项目概算

本次对 13 个机关科室部门、6 个直属机构、6 个直属单位及 2 个基层单位进行了详细的调研，将对 21 个科部室 / 基层单位提出的需求进行建设。其中合计一级功能 49 个，二级功能 83 个，三级功能 166 个。

二、总体设计

（一）设计理念

1. 标准化设计

构建业务梳理、需求分析、概要设计标准化的工作模板、工作表单、架构模型。

2. 标准化建设

建立标准化实施路线图，构建规范化标准交付、集成交付、快速交付模型，形成标准化交付程序、工具、模板、方法。

3. 标准化运维

构建“自主运维 + 内部支持 + 外协支撑”多方联动机制，规范运维交付、400服务、在线支持、现场服务的标准、边界、程序、工具、方法。

（二）设计原则

1. 整体一致性

抓顶层设计，全局视角，整体规划，全业务联通，分步、分层实施。

2. 融通共享性

抓数据质量，促数据共享，破系统壁垒，联部门边界，让数据动起来、活起来、串起来。

3. 先进兼容性

选择先进成熟的技术、工具、方法，采用开放架构，兼容主流协议，整体达到行业领先。

4. 经济易用性

简明设计、简化实施，最优体验，缩短建设周期，降低建设成本，管用、实用、好用。

（三）技术路线

1. 统一门户和信息入口

通过门户框架标准，实现一站式的信息及报表呈现，应用及服务的链接，流程、应用、日程等消息提醒、全站检索等内容，提供全员的统一业务入口；按组织和角色提供不同层级、不同业务类别的门户，提高业务效率；提供高效便捷的门户配置工具和样式资源，支持个性化定制。

2. 统一流程管理

基于行业规范、业界领先的工作流平台；实现跨组织、跨系统的流程整合，支持大型企业流程管理模式的灵活性；将AI技术与流程结合，帮助企业实现敏捷流程、智能流程的最优化管理；提供可视化流程管理工具，实现从设计、仿真、审批、执行、监控、分析等全过程的统一管理和灵活配置。

3. 统一业务定制

内嵌的低代码应用开发平台可帮助企业根据自身业务需求定制个性化的业务应用，支持企业的业务创新和持续改进。低代码、可视化、在线化、支持多方协作的开发模式让业务人员就可以自行开发业务应用；与协同平台其他能力的无缝整合使得所开发的应用与既有的系统高度融合。

4. 统一组织模型、权限控制与用户管理

业界领先的组织模型和权限管理模型，适应各种企事业单位的组织形态和权限管理需求。支持多集团、多单位模式，支持组织内多业务线、动态项目组织模式，支持建立企业客户、伙伴等外部组织，支持多种集团管控模式，支持百万级注册用户等；帮助企业实现动态组织调整和人员快速流动的协同工作管理和业务变化，支持客户的业务和组织创新；其特有的覆盖全员使用和全局的权限管理的能力成为企业所有业务系统的参照。

5. 统一连接与集成

为企业提供应用集成整体方案及底层支持，通过标准套件、接口和工具与异构系统进行集成。基于开放的数据交换引擎简化异构系统之间的数据交换，实现主数据、消息 / 待办、门户、流程、报表、身份认证等的统一，从而构建统一的信息化管理平台；结合工作流引擎等将集成业务封装为完整业务场景，为企业提供全闭环的业务场景集成；平台已实现了与主流的管理系统（如 ERP 等）和互联网服务的标准接口。

6. 统一多端接入

提供开放、标准化的交互接口，实现与设备无关的接入特性；支持移动设备、PC、大屏、IOT 设备的接入，支持客户通过多种移动 APP 和小程序方式接入。

（四）总体架构

基于以上对信息化应用系统建设的需求和战略规划，立足于未来业务发展，结合信息化基本原则与先进的应用系统技术架构，以实现业务精细化、规范化管理为目标，对川西北气矿协同平台进行总体架构的设计。

协同平台按照“三横两纵”的架构进行设计，三横为业务前台、业务运营中台和服务后台；两纵为数字化标准体系和网络安全体系。

考虑到项目整体业务结构复杂、工作量大，涉及人员、部门众多，为保障项目建设质量及应用效果，本着“先易后难，规范先行，完整先建，渐进扩展”的原则。川西北气矿 2022 年协同平台深化应用项目的建设分两个阶段进行：

1. 第一阶段

完成急用、易用、需求完整的业务功能建设。实现主要业务流程、管理模式从线下到线上的转变，快速有效地推动管理业务提升工作质量、工作效率，体现管理效益、管理价值。

建设涵盖 13 个机关科室部门、6 个直属机构、6 个直属单位及 2 个基层单位的表单、流程、应用模块建设等工作。主要建设内容包括：

重点业务板块：大修项目管理、生产计划管理、科技项目管理、车辆调派管理、督办管理、合同管理、员工管理、综合事务管理等。

常用管理业务板块：气田水拉运管理、通知管理、印章管理、四不两直、物资采购管理、信息化问题跟踪管理、HSE 监督管理、工程质量监督管理、知识分享、生日慰问、老石油慰问管理等。

规范管理业务板块：方案审批、内控与风险管理、预算管理、资金计划收集、消防管理、计量监督管理、外出管理、周月报、年计划收集管理、设备台账管理、费用报销、应用系统组织机构及用户权限账号管理、通信及网络管理、系统变更管理、经费使用审批等。

第一阶段总计建设一级功能49项，二级功能83项，三级功能166项。

2.第二阶段

建设任务为完成业务功能实现复杂、使用频率低、需求不明确的应用模块，进行协同平台深化应用，实现业务融合，价值融通，系统互联，数据互通。

主要建设内容包括：计划任务管理、抢维修管理、资产轻量化管理、资产转资管理、生产安全、水电运行管理、组织建设、规章制度建设、应用系统管理等。

三、概要设计

（一）空间设计

用户使用协同平台并依赖于空间界面进行日常代办的处理、报表查看、事项跟踪、文档查阅等工作，为聚焦于川西北气矿不同角色用户关注的重点事项，将在协同平台门户模块的基础上设计领导空间、部门空间及个人空间，以下为三个空间的具体设计样式。

1.领导空间

领导空间提供领导驾驶舱入口、各科室业务视图查看、日常工作处理、日程计划、常用系统入口、各科室报表查询等功能。

2.部门空间

部门空间提供业务视图、业务流程查看、各类数据统计图表、各项业务报表查询、科室知识库等功能，共27个部门空间个性化建设。根据时间情况优先建设信息管理部、企管法规科、办公室等6个科部室的部门空间，其余部门空间在明年内建设完。

3. 个人空间

个人空间提供新建事项发起、待办工作处理、常用模板、文档中心、跟踪事项、日程计划、关联人员、常用系统入口、各科室业务视图查看等功能。

（二）通用模块

1. 建设内容

经过对27个部门/单位现有业务的需求分析，整理出部分可推广至全矿使用的通用型业务，包括1个一级功能、4个二级功能，6个三级功能，如表5-3。其中一级功能包含综合管理等。通用模块的建设涉及知识文库分类建设、业务表单配置、流程配置、车辆看板开发等。

表5-3　通用模块的功能

一级功能	二级功能	三级功能
综合管理	知识分享	知识分类管理
		知识上传管理
		知识共享管理
	车辆管理	用车申请
		车辆看板查询
	通知管理	任务通知
	方案审批	—
	印章审批	用印申请

2. 业务设计

（1）知识分享。知识分享主要是利用协同平台的知识社区的相关功能为川西北气矿全员及各个部门创建文档库实现全矿人员对国家法律、规章制度、学习资料等内容的查看与分享以及每个部门形成内部知识库供部门人员学习。

（2）车辆管理。车辆调派管理主要是针对川西北气矿机关及三区三厂用车调派进行统一管理，最后形成车辆调派看板，普通员工可以进行用车申请，各级领导审批后，由综合办公室根据车辆信息进行派车，派车后用车情况反馈至车辆看板。

（3）通知管理。通知管理主要是为了解决当前通知下发后不反馈及反馈不及时影响工作效率等情况。用户可通过协同平台调用通知表单，在表单上编辑通知内容及需相关部门 / 单位反馈的内容或数据，各部门 / 单位反馈后进行协同平台自动进行数据的收集汇总以及可统计查询已反馈和未反馈的部门 / 单位明细。

（4）方案审批。方案审核主要是完成各部门需审查的方案由各个业务科室进行会审的流程。设计思路为：各个基层单位及科部（室）发起方案审批申请，选择相关部门，由相关部门领导审核后打印作为方案审核依据。

（5）印章管理。印章管理适用于气矿用章及各部门 / 单位内部用章的线上审批，需用章部门 / 单位发起用章申请选择用章类型由协同平台自动判断推送至不同领导的代办中由领导审核后印章管理员盖章后将盖章内容回传至用印申请人。

（三）机关科（部）室

1. 办公室（党委办公室）

（1）建设内容。经过对办公室（党委办公室）现有业务的需求分析，本次建设内容包括 2 个一级功能、3 个二级功能，18 个三级功能，如表

5-4。其中一级功能包含机要文书、督办管理、综合管理等。办公室（党委办公室）的建设涉及督办管理、印章管理相关的表单配置、操作配置、流程配置、业务关系配置及督办管理开发等。

表 5-4　办公室（党委办公室）需上线协同平台的业务

一级功能	二级功能	三级功能
督办管理	周例会管理	周例会事项档案
		周例会维护（双周）
		周例会反馈（双周部门）
		周例会反馈（双周汇总）
		周例会维护（季度）
		周例会反馈（季度部门）
		周例会反馈（季度汇总）
督办管理	专项督办	专项督办下发
		专项督办档案
		专项督办反馈（部门）
		专项督办反馈（办公室）
		专项督办延期申请
	月度计划管理	月度计划档案
		月度计划上报
		月度计划上报（矿领导）
		月度计划二次上报
		月度计划延期申请

（2）业务设计。机要文书业务主要包含印章管理，印章管理主要是对基层单位及机关科（部）室申请使用印章的流程进行管控。

印章管理的设计思路为，机关科（部）室及基层单位需要用印时，在协同平台中发起印章使用申请单，填写份数、用章内容、用章种类、上传需要盖章的资料。流程流转至发起者部门负责人进行审核后根据提交人所在单位 / 部门性质不同流程不同，基层单位先由业务相关科（部）室部门负责人审核后再交由矿领导审批，机关各科（部）室直接由矿领导审批。其中如存在业务涉及多个部门，则需要在提交相关业务部门进行会签，再提交矿领导审批。审批后流程流转至办公室（党委办公室）文书管理岗对上传的附件进行打印后加盖公章并告知发起者进行领取。具体如图 5-1 所示。

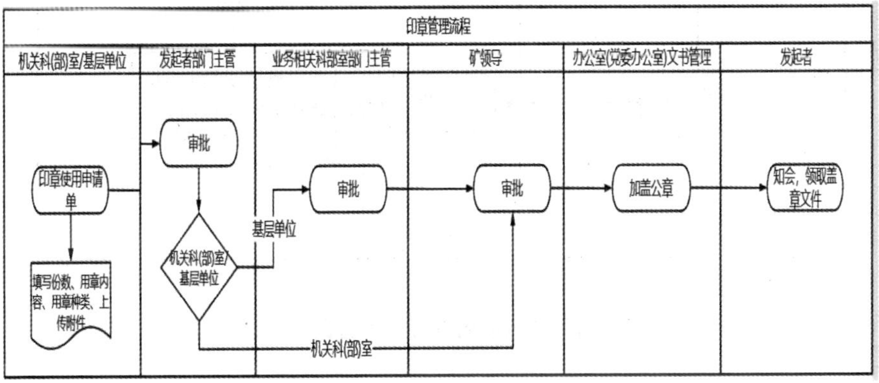

图 5-1　川西北气矿印章管理流程图

专项督办、月度重点工作督促检查、周例会事项督促检查等。专项督办：专项督办下发、专项督办档案、专项督办反馈（部门）、专项督办反馈（办公室）、专项督办延期申请。月度重点工作督促检查：月度计划档案、月度计划上报、月度计划上报（矿领导）、月度计划二次上报、月度计划延期申请。周例会事项督促检查：周例会事项档案、周例会维护（双周）、周例会反馈（双周部门）、周例会反馈（双周汇总）、周例会维护（季度）、周例会反馈（季度部门）、周例会反馈（季度汇总）。各机关科（部）室及基层单位在上报完成后，汇总生成领导班子周例会安排事项季度落实情况表。具体如图 5-2 所示。

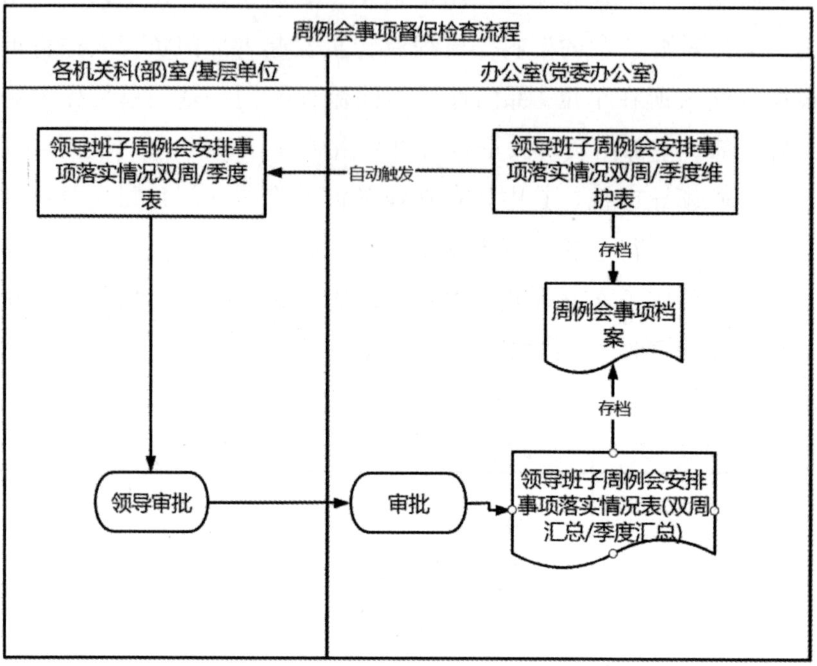

图 5-2　川西北气矿周例会事项督促检查流程图

根据每周重点事项，需要进行专项督办的事项可进行督办通知，通知到对应责任部门、协办部门进行信息反馈。记录督办事项详细信息，包括督办通知单的全部内容及延期情况等信息，同时在每个月月底及到期日前自动触发督办至牵头部门处进行反馈。各机关科（部）室在月底或到期日期前，填写系统自动触发的反馈表，对督办事项实际完成情况进行反馈。各机关科（部）室及基层单位上报完成后办公室自动收到月度督办反馈信息，通过办公室（党委办公室）督办管理人员可对内容进行调整，调整完成后上报办公室主任，由办公室（党委办公室）主任反馈到矿领导。针对因客观因素影响发生无法在规定时间内完成专项督办工作内容，由牵头科（部）室提出延期申请，经气矿分管领导审批、主要领导同意后即可对督办事项进行延期。延期后的事项会按照最新周期自动触发反馈。具体如图 5-3 所示。

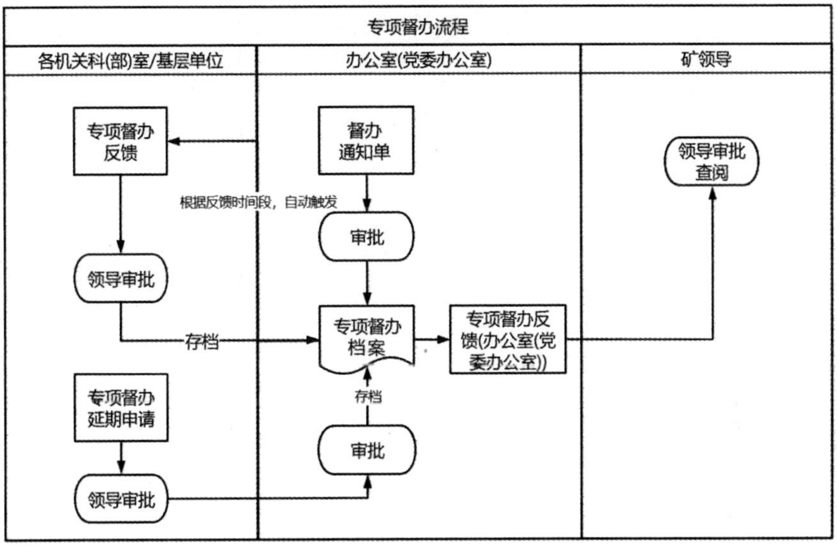

图 5-3　川西北气矿专项督办流程图

各机关科（部）室及基层单位在月底针对当月重点工作根据实际情况进行上报，并以附件形式上传完成情况对应证据，同时计划下月重点工作。存档月度计划内容，同时留存月度计划的反馈情况。办公室（党委办公室）在月底汇总各科（部）室提报的内容，将本月全部事项反馈至矿领导处，矿领导进行月度情况查看。经办公室（党委办公室）核实，需退回相关科（部）室补充材料或完善实际情况等，由科（部）室填写月度计划二次上报内容重新提交到办公室（党委办公室）。在月度计划每月上报前对月度计划延期进行申请，延期申请需本部门负责人审核、对应分管领导审批，同意后即可进行延期。当月延期申请以备注形式呈现："xx（部门）申请延期至 xx（时间），已征求 xx（矿领导）同意"，在次月进行完成时间更新。具体如图 5-4 所示。

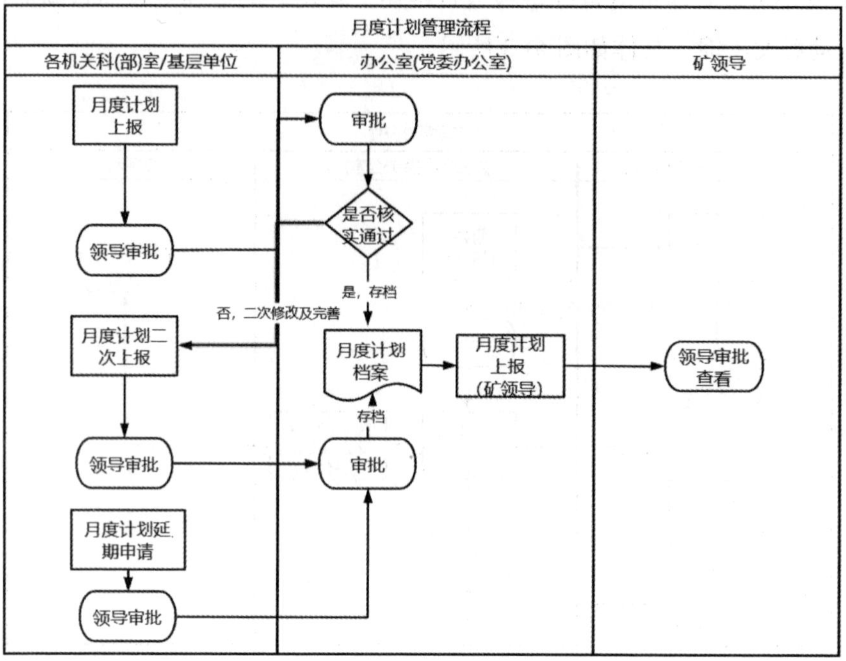

图 5-4　川西北气矿月度计划管理流程图

综合管理业务包含周报管理和应急管理。其中：周报管理：主要工作任务是每周审批汇总各机关科（部）室及机关直属提交的周报相关内容进行公布。应急管理：主要工作任务是每季度审批汇总各基层单位提交的应急工作相关的内容，并提交质量安全环保科进行本季度工作情况和下季度工作安排情况的填写，最后审批后提交至分公司。

应急管理的设计思路为，由基层单位每季度末在协同平台发起某某年度某某季度川西北气矿应急工作季度报表。基层单位领导审批后自动汇总至办公室（党委办公室）审批后由质量安全环保科科长填写本季度的应急工作开展情况及下季度应急工作安排情况。流程再流转至办公室（党委办公室）部门主管审批后上报至分公司进行归档。具体如图 5-5 所示。

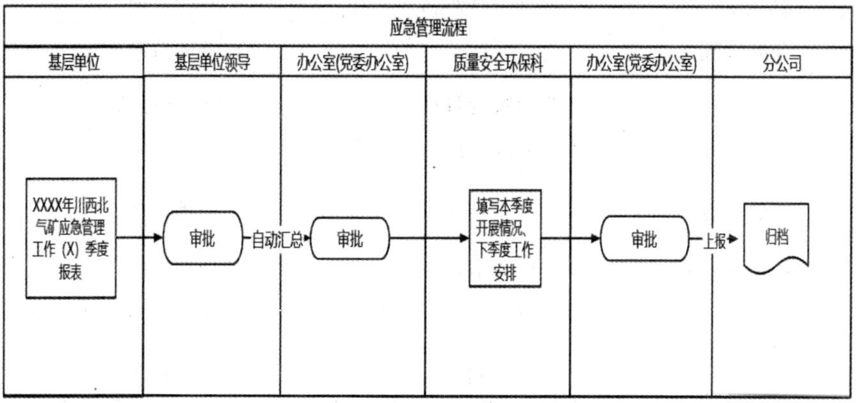

图 5-5　川西北气矿应急管理流程图

2. 企管法规科

（1）建设内容。经过对企管法规科现有业务的需求分析，本次建设内容包括 4 个一级功能、7 个二级功能、8 个三级功能，如表 5-5。其中一级功能包括：合同管理、市场管理、法律合规管理、内控与风险管理。企管法规科的建设涉及合同管理从合同订立到合同归档的表单配置、操作配置、流程配置、业务关系配置及与分公司建设的招标模块对接开发，还涉及资质管理、内控与风险管理的流程表单配置及流程审批配置。

表 5-5　企管法规科需上线协同平台的业务

一级功能	二级功能	三级功能
合同管理	合同订立	签约依据
		合同台账
		合同谈判
	合同履行管理	承包商考核
	合同归档	—
市场管理	资质管理	管理台账
法律合规管理	依法治企	新法速递的收集与发布
内控与风险管理	风险管理	年度重大风险评估
	内控测试	问题整改

（2）业务设计。

①合同管理。合同管理主要包括合同性质、合同分类、合同授权、合同订立、合同履行以及合同归档。合同性质：主要包括对外交易合同、关联交易合同、内部合同。合同分类：主要包括买卖合同、建设工程合同、油田工程合同、承揽合同、技术合同、服务合同、租赁合同、运输合同、其他合同、补充合同以及内部责任书。合同授权：主要包括年度授权、专项授权。合同订立：主要包括签约依据管理、合同台账管理、前期审查管理、合同谈判管理、合同专用章。合同履行：主要包括承包商考核管理、合同履行检查管理。合同归档：合同管理人员进行归档资料的确认，记录归档信息，方便后续查询归档记录。合同订立主要内容包括签约依据管理、合同台账管理、合同谈判管理、合同专用章。其中：

②签约依据管理。签约依据分为四种来源，包括投资计划、大修项目、成本、请示 / 会议纪要，通过本系统实现签约依据来源的数据共享，为后续合同签订提供数据支撑，打破部门墙、数据篱，提高工作效率。

本模块的核心功能包括：通过四类合同来源，生成费用来源库，即签约依据，供后续合同审查时引用。

③合同专用章管理。合同专用章是通过合同用章规范对合同的管理，做到规范性、一致性。本模块的核心功能包括：在合同专用章环节，合同承办人需要完善合同工期、合同金额及税率（税金和不含税金额自动计算）。合同工期：有明确的开始和结束时间，承办人需完善开始和结束时间；仅有履约周期，本次需完善履约周期，后期承办人需完善实际开工时间，合同结束时间自动计算。若 1 个月后未完善实际开工时间，系统需自动提醒合同承办人和合同项目负责人完善实际开工时间的填报（预警提醒需提醒到管理部门），以月度为周期来进行提醒。合同预警是对整个合同工期的预警，预警对象：合同承办人、项目负责人、管理部门。

④合同履行管理。合同履行管理主要内容包括承包商考核。其中：通过承包商考核相应表单实行对承包商的对应考核，现有的流程是发起人发起到部门负责人审核再回到发起人。本模块的核心功能包括：合同承包商考核有三种表，分别是《承包商考核表》《合同相对人履约考核表一》《合同相对人履约考核表二》，需要跟市场管理业务相关联，本次考核的内容可供承包商管理模块使用，支持将考核结果等数据抽取分析。

⑤资质管理。资质管理主要内容包括管理台账。当前三个科室在规定时间根据台账情况上报至企管法规科汇总。本模块的核心功能包括：基于三类台账，做定时任务发送至对应科室。《工程技术服务队伍押证管理台账》每个月 10 日自动发起；《工程技术服务队伍关键人员及设备变化管理台账》每个季度开端（4 月 10 日报 1、2、3 月）自动发起；工程技术服务队伍资质信息管理台账《工程技术服务企业资质信息管理台账》每个月 10 日自动发起。

⑥法律合规管理。法律合规管理主要内容包括依法治企、工商管理及合规管理。依法治企：主要内容包括 QHSE 法律法规清单、普法计划

及总结汇总、新法速递的收集与发布。工商管理：主要内容包括营业执照管理。合规管理：主要内容包括合规承诺及培训管理。

⑦依法治企。依法治企主要内容包括 QHSE 法律法规清单、普法计划及总结汇总、新法速递的收集与发布。其中分公司集团 OA 下达法律法规清单（一年两次），气矿需要转发此通知，并要求气矿开启气矿法律法规清单识别工作。企管法规汇总，形成气矿的法律法规清单，再发一个气矿的法律法规清单到气矿主页。

本模块的核心功能包括：通过协同把分公司的最新通知发给各个科室，各个科室填报自己对应是否有增删改的内容，上报至企管法规。企管法规汇总各科室增删改的情况，形成气矿法律法规清单。

普法计划下达至各科部室与基层单位之后，各科部室与基层单位回传普法计划与普法工作开展情况。本模块的核心功能包括：气矿下发普法计划之后，各科部室与基层单位在一个月之内把普法计划通过协同上报至企管法规科。各科部室与基层单位根据普法情况，每个季度通过协同把普法工作的实际情况上报至企管法规科。企管法规科需要了解各科部室与基层单位具体开展了多少次培训。

⑧内控与风险管理。内控与风险管理主要包括内控手册、内控测试以及风险管理。内控手册：主要内容包含年度内控手册宣贯、业务流程分析。内控测试：主要内容包含气矿内控自测、分公司专项测试、集团公司管理层测试和外部审计。风险管理：主要内容包含年度重大风险评估、风险事件收集。

⑨内控测试。内控测试主要内容包括气矿内控自测、分公司专项测试、集团公司管理层测试和外部审计的问题整改。本模块的核心功能包括：通过协同平台下发各事项整改问题通知。各单位通过协同平台在线收到问题记录并反馈整改结果及实施证据。企管法规科提供协同平台审核整改结果，审核不合格可以退回。协同平台提供整改过程的预警提醒功能。

⑩风险管理。风险管理主要内容包括年度重大风险评估、风险事件收集。其中：年度重大风险评估则通过线下问卷方式完成事件风险调查，评估结果前十的气矿下发通知给相关部门，相关部门再反馈管控措施及监督检查计划。本模块的核心功能包括通过协同平台将评估结果下发至相关部门，相关部门通过协同平台反馈管控措施及监督检查计划。按分公司事件要求收集各部门单位的风险事件。本模块的核心功能包括：通过协同平台完成各部门单位的风险事件收集。

3. 财务科

（1）建设内容。经过对财务科现有业务的需求分析，本次建设内容包括 3 个一级功能、3 个二级功能、18 个三个功能，如表 5–6。其中一级功能为预算管理、资金管理、大修项目管理。财务科的建设涉及预算、资金相关单据表单配置、操作配置、流程配置及大修项目业务整合、表单配置、业务关系配置及预算指标收集开发。

表 5–6　财务科需上线协同平台的业务

一级功能	二级功能	三级功能
预算管理	预算管理	年度预算管理
		预算指标调整
		三年任期指标复算
资金管理	资金计划管理	资金计划收集

续 表

一级功能	二级功能	三级功能
大修项目管理	项目管理	项目前期管理
		初步设计预审查
		初步设计概算报审
		初步设计上报
		年度完成实施计划金额申请
		施工图预审查
		设计变更
		项目调概
		项目实施
		完工交接
		竣工验收
		项目完工后评价
		总体部署
		项目组织机构

（2）业务设计。

①预算管理。年度预算管理主要包括预算收集。财务科每年末收集各科（部）室 / 所属单位填报的预算信息，完成预算信息归集整理。本模块的核心功能包括：通过协同平台实现预算信息的周期性自动收集，实现收集周期、进度和质量把控。

②大修项目管理。气矿每年 7 月发通知，收集大修项目，支持在线发放立项通知。将大修项目运行大表进行线上管理（每一类项目运行大表模板样式不同，每一类的管理需求相同。项目类型包括分控大修项目、自控大修项目、安全隐患整改项目、洪灾治理项目、封堵井

封堵项目、采油气工艺措施项目、专项项目）：财务科完成基础信息、预计时间等任务下达，支持按 excel 方式导入系统；执行单位完成实际时间、进度描述上报（每周），每个执行单位的上报人员不固定，上报人自行发布周计划；根据预计完成时间，提前预警提醒负责人；每月进行财务实施情况报告。通过协同公告方式进行实时情况通报。通报流程：财务科编辑通报后 -- 财务科领导审核 -- 财务分管领导审核 -- 发布通报。财务科能查看每周哪些项目未更新，及时进行督办。项目执行单位在线发起项目完工申请，经过相关领导审批后，汇总到财务科。项目执行单位在线发起项目竣工验收申请，经过相关领导审批后，汇总到财务科。

4. 开发科

（1）建设内容。经过对开发科现有业务的需求分析，本次建设内容包括 3 个一级功能、6 个二级功能、10 个三级功能，如表 5–7。其中一级功能包括：气藏组、地面组、加工组。开发科的建设涉及动态分析、气田水系统管理生产装置大修表单设计及配置、流程配置、统计报表配置，还涉及生产周报、地面工程周报等汇总配置等。

表 5–7　开发科需上线协同平台的业务

一级功能	二级功能	三级功能
气藏组	动态分析	动态分析管理
		动态监测管理
地面组	气田水系统管理	每季度编制气田水系统工作总结
	基础管理 – 报表管理	地面工程周报
		地面工程月报
		专项分析报告

续 表

一级功能	二级功能	三级功能
加工组	生产装置大修	实施监督
	基础管理 - 报表管理	生产周报
		生产技术月报、年报
	工艺技术管理	工艺计划大表

（2）业务设计。

①气藏组。气藏组主要内容包括动态分析。其中：动态分析主要内容包括动态监测管理及动态分析管理。本次业务核心诉求包括：动态分析需建立动态分析会，建议借鉴气田开发管理部动态分析会情况。经过作业区填报之后，由研究所汇总，再到开发科审核。

②地面组。地面组主要内容包括气田水系统管理、基础管理以及各类方案上报。其中：气田水系统管理主要内容包括每季度编制气田水系统工作总结。每季度编制气田水系统工作总结，不需要表单模板，上传附件即可。系统设置自动到期提醒，3 天提醒一次。每季度最后一个月的 10 日自动发起，然后由作业区编制，并且经过作业区领导审批（每季度最后一个月的 20 日完成），然后到研究所（5 个工作日内完成），最后汇总至开发科。基础管理主要内容包括工艺参数与报表管理。

业务诉求主要体现在：地面工程周报，不需要表单模板，上传附件即可。需系统设置自动到期提醒，每周四作业区上报。作业区完成编制之后，由作业区领导审查（每周四完成），然后地质研究所（每周五下午 4 点之前完成汇总），提交至开发科。地面工程月报，不需要表单模板，上传附件即可。系统设置自动到期提醒，每月 5 日前作业区上报（自动跳过节假日）。由作业区编制，然后由作业区领导审查每月 5 日前完成，最后地质研究所（两个工作日内完成汇总），提交至开发科。专项分析报告，不需要表单模板，上传附件即可。系统设置自动到期提醒，每季度次月十个工作日内上报上个季度专项分析报告。作业区编制，经过作业区领导审查（编制到审查共十个工作日完成），到地质研究所五个工作日内完成汇总，提交至开发科。

③加工组。加工组主要内容包括生产计划编制、生产装置大修与基础管理。其中：生产装置大修主要内容包括过程中的实施与监督。过程中的进度跟踪、协调问题、开停产通过项目周报的形式，基层单位报给开发科，根据实际情况是否抄送给领导。报表管理涉及技术月报、技术季报与技术年报，有固定的表单模板，由基层做，报给开发科，希望通过协同平台报表归档。设置提醒：每月、每季、每年自动设置待办提醒。工艺纪律检查，有表单模板。开发科检查基层单位的问题，发现问题把问题推送给基层单位。工艺设备变更管理，有表单模板，基层单位（根据矿级变更、局级变更走线下）传给开发科，根据级别推动到对应的领导处审查。

5. 人事科（党委组织部）

（1）建设内容。经过对人事科现有业务的需求分析，本次建设内容包括 3 个一级功能、4 个二级功能、5 个三级功能如表 5-8。其中一级功能包含党建、员工管理、薪酬与绩效管理等。人事科的建设涉及党建、员工管理及薪酬管理的流程表单配置、不同节点操作权限配置及流程配置。

表 5-8　人事科需上线协同平台的业务

一级功能	二级功能	三级功能
党建	党组织经费管理	经费使用申请

续　表

一级功能	二级功能	三级功能
员工管理	员工流动管理	员工流动审批管理
	考勤管理	考勤数据上报
		请假申请
薪酬与绩效管理	薪酬管理	专项奖申请

（2）业务设计。

①党建。党建需要上线到协同平台的业务主要包含党组织经费管理、基层党组织建设及党员管理，设计思路如下：

设置一个端口，可实现自行上传模板，下发至各基层党委、直属党支部、机关党委，实现审批、勾选、汇总统计功能；对基层党委、基层党组织的换届选举提醒，由气矿党委组织部输入各基层党组织的换届选举时间，设置提醒年限，实现系统届时按时提醒换届选举功能。

气矿党委组织部下发摸底表，由各基层党委、直属党支部填写上报，相关人员审批；气矿党委组织部可以对其审批、勾选、汇总统计。气矿党委组织部下发计划表，由各基层党委、直属党支部填写上报，相关人员审批；气矿党委组织部可以对其审批、勾选、汇总统计。

②员工管理。员工管理需上线到协同平台的业务主要包含员工流程管理及考勤管理，设计思路如下：

协同平台预置员工流动相关表单及流程；涉及人员的调入、接收、辞职、调出、退休、歇业退养、内部调动、岗位调整、借用、轮训等需要通过协同平台发起线上审批流程、流程经过人事科、相关部门科室、矿领导审核后完成人员流动的相关程序。

基层单位由班组长每周上报考勤数据到基层单位人事劳资员处汇总提交到气矿人事科；气矿的考勤由各个科部室发起汇总到行政事务中心审核后由人事科审核；基层单位申请根据请假类型及天数对应不同的流

程，请假审批后信息体现在考勤表上。

③薪酬与绩效管理。薪酬与绩效管理需上线到协同平台的主要业务为薪酬管理和绩效管理。

6. 生产运行科

（1）建设内容。经过对生产运行科现有业务的需求分析，本次建设内容包括 3 个一级功能、7 个二级功能、19 个三级功能，如表 5-9。其中一级功能包括：天然气生产调度管理、气田水拉运管理、水电管理。生产运行科的建设涉及生产计划的需求梳理、表单配置、业务关系配置及跨部门数据打通、流程配置，涉及气田水拉运管理及水电管理的流程表单配置及统计报表计算配置。

表 5-9 生产运行科需上线协同平台的业务

一级功能	二级功能	三级功能
天然气生产调度管理	计划管理	月度计划
		年度计划
		计划变更
		计划符合率统计
	项目投产准备	气矿权限
	生产组织与协调	装置检修
		停气碰口
		清管
		联锁测试
		天然气生产
		石油液体
		倒输气管理
		天然气销售

续　表

<table>
<tr><th>一级功能</th><th>二级功能</th><th>三级功能</th></tr>
<tr><td rowspan="5">气田水拉运管理</td><td rowspan="3">拉运需求管理</td><td>拉运需求上报</td></tr>
<tr><td>通知承运单位</td></tr>
<tr><td>承运单位反馈车辆人员</td></tr>
<tr><td>气田水拉运运距确认</td><td>气田水拉运运距确认</td></tr>
<tr><td>结算</td><td>统计（车辆、人员、水量、里程、运距、单价、总价等信息统计）</td></tr>
<tr><td>水电管理</td><td>水电运行管理</td><td>计划停电审批</td></tr>
</table>

（2）业务设计。

①天然气生产调度管理。天然气生产调度管理主要包括计划管理、项目投产准备、生产组织与协调、生产信息管理以及净化气管线开口接管管理。计划管理：主要包括月度计划和年度计划。项目投产准备：主要包括气矿权限和公司权限。生产组织与协调：主要包括天然气生产、石油液体、装置检修、停气碰口、清管、联锁测试、倒输气管理、试修以及天然气销售。生产信息管理：主要包括日常生产数据、异常信息以及调度指令。净化气管线开口接管管理：主要包括内部单位和外部单位。

②气田水拉运管理。气田水拉运管理主要内容包括拉运需求上报、汇总审核、通知承运单位、承运单位反馈车辆人员、气田水装车监控、运输过程监控、气田水卸车监控、气田水拉运运距确认以及结算。拉运需求上报：主要是由井站或净化厂通过 Excel 表格上报。每日上报次日的拉运需求。汇总审核：主要是生产运行科对上报的拉运需求进行汇总审核。通知承运单位：主要是生产运行科汇总审核后根据需求电话通知承运单位。承运单位反馈车辆人员：主要是承运单位接收到生产运行科的电话通知后，反馈车辆及人员的安排。气田水拉运运距确认：主要是每口井到注水站的拉运运距基本固定，对运距进行汇总确认。结算：主

要是完成与承运单位的资金结算。

7. 党群工作科

（1）建设内容。经过对党群工作科现有业务的需求分析，本次建设内容包括 2 个一级功能、2 个二级功能、3 个三级功能，如表 5-10，其中一级功能包含：工会管理、团委工作。党群工作科的建设涉及生日慰问短信的发送配置、生日慰问、老石油信息汇总配置及团组织经费流程审批配置等。

表 5-10　党群工作科需上线协同平台的业务

一级功能	二级功能	三级功能
工会管理	服务关爱	保障帮扶
		普惠服务
团委工作	共青团工作	团组织经费管理

（2）业务设计。

①工会管理。工会管理需上线到协同平台的工作包括经济技术、权益维护、服务关爱、群众文化、组织建设、财务工作等。

服务关爱工作中需要通过协同平台实现的内容主要包含生日慰问，职工疗养，老石油慰问以及困难职工帮扶和金秋助学。生日慰问主要是对每年过生日的工会会员发起慰问并且可以进行查询统计，设计思路如下：气矿工会在协同平台维护每个会员的基本信息及生日时间；协同平台在相应时间发起生日祝福短信；工会人员可按季筛选当季或者下季的需要发送短信的人员。

职工疗养主要是对职工疗养申请和档案进行管控，设计思路在于：工会人员在协同平台维护职工基本信息及工龄等；职工疗养情况可以统计汇总；职工疗养申请线上审批，自动计算会员疗养的时间；已疗养的做申请控制。

老石油慰问主要是对符合老石油的人员进行筛选统计，设计思路在于：工会人员在协同平台录入职工的基本信息包含职工年龄信息；工会人员可筛选出符合条件的人员信息。

困难职工帮扶主要是对符合困难职工条件的人员进行信息的录入并且可以做大病帮扶申请以及金秋助学，设计思路在于工会人员录入符合困难职工的人员及子女的相关信息；困难职工可发起大病申请经审核后由工会进行相关帮扶；困难职工的子女符合金秋助学条件的可进行筛选进行帮扶。

②团委工作。团委工作中需要上线到协同平台中的主要内容包含组织建设、团组织经费管理、基础团青工作考核。团组织经费管理主要是管理团组织经费使用的申请流程，设计思为：由各单位、各部门通过协同申报经费使用；气矿团委审核后反馈；形成团青工作经费使用情况统计台账；形成年度活动经费使用进度台账，按月显示费用实际报销进度。

8. 质量安全环保科

（1）建设内容。经过对质量安全环保科现有业务的需求分析，本次建设内容包括 3 个一级功能、3 个二级功能、9 个三级功能，如表 5-11。其中一级功能包括：安全管理、计量管理、疫情防控。质量安全环保科的建设涉及四不两直、计量监督管理及外出管理等流程表单配置、操作节点配置及流程审批配置。

表 5-11　质量安全环保科需上线协同平台的业务

一级功能	二级功能	三级功能
安全管理	四不两直	联系基层记录
		现场活动记录
		QHSE 活动记录
		行为安全观察及沟通报告
		干部联系基层述职报告

续 表

一级功能	二级功能	三级功能
计量管理	计量监督管理	计量装置施工过程与安装质量检查
		天然气质量监督管理
		计量争议调整管理
应急处置	外出管理	员工外出管理

（2）业务设计。

①安全管理。四不两直包括领导联系基层记录、现场活动记录、QHSE 活动记录、行为安全观察及沟通报告、干部联系基层述职报告。

领导联系基层记录业务流程在于，气矿领导每季度针对安全点进行安全三联系→安全专员根据现场情况填报存在问题及责任部门→责任部门接收任务进行整改→整改完成后反馈整改结果→知会相关领导、安全联系员、党建联系员、基层建设人员。副科级以上领导现场活动记录确认安全隐患及整改责任部门→责任部门接收任务进行安全隐患整改→整改完成后反馈整改结果→知会相关领导。

QHSE 活动记录业务流程在于，质安环对基层单位现场活动进行安全检查及确认整改责任部门→责任部门接收任务进行安全隐患整改→整改完成后反馈整改结果→知会质安环。行为安全观察及沟通报告业务流程为发起人→质安环。

②处置突发事件。员工外出业务流程如下：员工发起外出审批→部门 / 单位领导审批→质安环审批。

9. 科技科

（1）建设内容。经过对科技科现有业务的需求分析，本次建设内容包括 1 个一级功能、4 个二级功能、14 个三级功能，如表 5-12。其中一级功能包括：科技项目管理。科技科的建设涉及科技项目从立项到验收的全业务流程管理，包含业务流程设计、表单配置、操作配置、业务管理配置、流程审批配置等。

表 5-12　科技科需上线协同平台的业务

一级功能	二级功能	三级功能
科技项目管理（气矿级）	立项管理	立项计划通知
		立项计划编制
		立项计划审查
	项目开题管理	项目组组建
		开题报告编制
		开题报告审查
		开题报告出版
		项目人员管理
	过程管理	对外协作管理 – 合同管理
		对外协作管理 – 质量管理
		项目质量管控 – 季度总结
		项目质量管控 – 中评估管理
		项目经费管理
	项目验收	验收通知

（2）业务设计。科技项目管理分为公司级科技项目管理及气矿级科技项目管理，主要区分在于流程上略有差异。科技项目管理主要包括立项管理、开题管理、过程管理、项目验收、项目归档五个阶段。

一是立项管理。立项管理过程包括立项计划通知、立项计划编制、立项计划审查、立项计划下达。分公司科技处下达 OA 立项通知→科技科通过协同转发通知至项目申报单位→项目申报单位编制立项计划→项目申报单位审查立项计划→科技科按单位进行形式审查→按专业汇总，科技科组织专业委员会会审（线下审查，线上录入审查意见）→科技科拟定气矿立项计划→通过科技管理系统上报分公司科技处→分公司科技处审查后通过 OA 下达立项计划→科技科通过协同转发给项目申报单位。

科技科通过协同下达立项通知→科技科通过协同转发通知至项目申报单位→项目申报单位编制立项计划→项目申报单位审查立项计划→科技科按单位进行形式审查→按专业汇总，科技科组织专业委员会会审（线下审查，线上录入审查意见）→科委会审查→科技科通过 OA 下达气矿立项计划。

二是开题管理。开题管理包括开题通知、项目组组建、开题报告编制、开题报告审查、正式计划下达、开题报告初版六个阶段。科技处通过 OA 下达开题通知（同立项计划一起下达）→项目承担单位组建项目组，协同备案→项目组编制开题报告→项目承担单位审核→科技科形式审查→科技科组织专业组会审（线下审查，线上录入审查意见）→项目组上传专家修改意见（扫描件 + 主要研究内容、考核指标表格）→科技处审查→科技处通过 OA 下达项目计划大表和经费计划→项目组根据专家审查意见修改开题报告、项目组根据下达经费计划，分解经费明细（外协比例不超过 30%，中石油内部单位除外，如超出 30% 则需单独走流程）→项目组提交修改后的开题报告。科技科通过 OA 下达开题通知（同立项计划一起下达）→项目承担单位组建项目组，协同备案→项目组编制开题报告→项目承担单位审核→科技科形式审查→科技科形式审查→主审专家审查→科技科组织专业组会审（线下审查，线上录入审查意见）→项目组上传专家修改意见（扫描件 + 主要研究内容、考核指标表格）→科技科通过 OA 下达项目计划大表和经费计划→项目组根据专家审查意见修改开题报告、项目组根据下达经费计划，分解经费明细→项目组提交修改后的开题报告。其他管控点：开题阶段需明确项目是否需要对外协作，是则对外协作管理可选择改项目，如不是，则不需要走对外协作相关流程。

三是过程管理。其中合同管理包括选商管理及合同签订。选商管理由项目承担单位及企管法规科管理，合同签订流程为项目承担单位发起→企管法规科审核→财务科审核→科技科审核。其他管控点：三新项目，合同签订类型对外（西南油气田公司以外单位）只能是技术开发合同，对内是内部责任书，合同内容包含乙方在当地的科技部门备案表，内部责任书。质量管控包括对外项目开题报告审查、中评估审查及验收审查。由项目承担单位发起，科技科参与，资料备份科技科。

科技处根据项目计划时间发起项目验收通知→科技科通过协同转发通知至项目承担单位→项目组编制项目验收材料→项目承担单位审核→科技科形式审查→科技科组织专业组会审→项目提交审查意见（专家审查意见扫描件）→科技科提交科技处。科技科根据项目计划时间发起项目验收通知→项目组编制项目验收材料→项目承担单位审核→科技科形式审查→主审专家审查→科技科组织专业组会审→项目提交审查意见（专家审查意见扫描件）→科技科。

10. 地质科

（1）建设内容。经过对地质科现有业务的需求分析，本次建设内容包括 1 个一级功能、1 个二级功能、1 个三级功能，如表 5-13。其中一级功能包括：井位管理。地质科的建设涉及井位勘定大表的表单配置、流程审批配置等。

表 5-13　地质科需上线协同平台的业务

一级功能	二级功能	三级功能
井位管理	井位勘定	优选地面井场

（2）业务设计。井位管理包含井位论证、井位勘定、井位申报。其中，井位勘定主要包括优选地面场景。核心需求：《井位勘定大表》地质科发起后，需要各个部门确认，然后回传地质科，地质科通过协同流转《井位勘定大表》的填写与确认。

（四）直属机构

1. 物资设备管理部

（1）建设内容。经过对物资设备管理部现有业务的需求分析，本次建设内容包括 1 个一级功能、1 个二级功能，3 个三级功能，如表 5-14。其中一级功能为采购工作。物资设备管理部的建设涉及物资采购的计划、采购、仓储的过程中部分流程的线上管控，包含表单配置、操作配置、流程审批配置等。

表 5-14　物资设备管理部需上线协同平台的业务

一级功能	二级功能	三级功能
采购工作	物资采购管理	计划管理
		采购管理
		仓储管理

（2）业务设计。物资采购管理主要包含计划管理、采购管理、仓储管理、质量管理。

①物资采购管理。计划管理，基层单位需要物资申购前，在协同平台中发起物资需求计划申请单，填写物资申请名称、物资种类、使用用途。流程流转至发起者部门主管进行审核后跟进提交人所在单位/部门性质不同流程不同，基层单位先由业务相关科（部）室部门主管审核后再交物资采购管理部审批。物资计划申请流程结束后，自动生成物资计划台账。

2. 信息管理部

（1）建设内容。经过对信息管理部现有业务的需求分析，本次建设内容包括 2 个一级功能、4 个二级功能，6 个三级功能，如表 5-15。其中一级功能包含生产信息化及自控管理、综合管理。信息管理部的建设涉及多个流程表与台账表的存档调用配置、多个流程表的线上审批配置。

表 5-15　信息管理部需上线协同平台的业务

一级功能	二级功能	三级功能
生产信息化及自控管理	工控系统	控制系统特护管理
综合管理	基础台账	信息化站点管理
		设备管理
	周月报管理	周报上报管理
		月报上报管理
	信息化问题跟踪管理	信息化问题跟踪管理

（2）业务设计。

①生产信息化及自控管理。生产信息化及自控管理需要上线到协同平台的业务主要包含控制系统特护管理，设计思路在于备份管理：作业区提交备份计划由作业区领导审核后信息站审核，作业区相关执行人输入结果形成台账。

②综合管理。综合管理需上线到协同平台的主要业务为基础台账及信息化问题跟踪管理。

基础台账需上线到协同平台的主要业务为信息化站点管理及设备管理，作业区新增、维护更新信息化站点、阀室，更新需要提交信管部审核；停用的时候先开发科审核再信管部审核；信息化站点、阀室自动生成台账。设备新增、变更、停用由作业区提交，信息站、信管部二者其中一个审批后流程结束更新设备台账。作业区、净化厂一级发现问题后提交给相应负责人审核，负责人安排人执行检查后，执行人填写整改内容，责任人审核确认，流程到信息站，根据是否需要信息站同步调整进行修改，修改后信息站的责任人审核确认结束，信管部知会。

信息站一级发现问题后上报给信管站相关负责人判断处理层级为信息站或者作业区，如为作业区流程同作业区一级的流程，如由信息站处理由信息站负责人安排人员执行后反馈，信息站负责人最后审核确认。

3. 气矿业务管理部

（1）建设内容。

经过对气矿业务管理部现有业务的需求分析，本次建设内容包括 2 个一级功能、3 个二级功能、3 个三个功能，如表 5–16。其中一级功能为食堂管理、房屋（场地）管理。气矿业务管理部的建设涉及油盐糖使用上报的线上流程配置，各部门油盐糖使用情况的统计报表分析配置，房屋（场地）管理的信息库表单配置、统计分析及初始化数据导。

表 5–16　气矿业务管理部需上线协同平台的业务

一级功能	二级功能	三级功能
食堂管理	健康食堂创建	油盐糖使用上报分析
房屋（场地）管理	信息库建设	5 个数据库建设
	数据查询、分析	—

（2）业务设计。

①智能健康食堂建设。健康食堂建设主要包括油盐糖使用上报分析。每个月基层单位上报油盐糖的使用情况；系统根据上报情况，对使用量形成趋势分析，监控每月的油盐糖的使用情况，对员工的健康做好监管分析。

②房屋（场地）管理。房屋（场地）管理主要内容包括房屋（场地）的信息库建设、数据的查询与分析。建设政策制度资源库、土地和房屋知识资源库、地图资源库、建设档案库、土地数据库、房屋数据库、产权人数据库、影像数据库、合同库。建立统一的信息数据库，实现信息的快速联查、检索、综合分析奠定基础。

4. 基建工程管理部

（1）建设内容。经过对基建工程管理部现有业务的需求分析，本次建设内容包括 1 个一级功能、1 个二级功能、1 个三级功能，如表 5-17。其中一级功能包括：基础工作。基建工程管理部的建设涉及投资、矿建的周报数据线上审批配置及汇总配置。

表 5-17　基建工程管理部需上线协同平台的业务

一级功能	二级功能	三级功能
基础工作	项目工作计划	计划管理

（2）业务设计。

①基础工作。不同项目类型，阶段进度反馈要求不一，每周需进行对各类项目的当周进度进行实际反馈。本模块的核心功能包括：投资项目、大修项目、矿建项目根据项目类型不同，对应收集的项目进度反馈情况不同。通过协同平台完成周报的收集，对应的人可编辑对应的部分，流转到基建工程部。

②设置到期填写提醒。系统自动设置每周四填写的发起，设置项目组，自动发起至项目经理处，项目填写完对应的部分，回到基建工程部。

（五）直属单位

1. 行政事务中心

（1）建设内容。经过对行政事务中心现有业务的需求分析，本次建设内容包括 1 个一级功能、3 个二级功能、7 个三级功能，如表 5-18。其中一级功能包括：综合事务管理。行政事务中心的建设涉及食堂管理、办公用品管理、物业管理等流程表单配置及线上审批配置。

表 5-18　行政事务中心需上线协同平台的业务

一级功能	二级功能	三级功能
综合事务管理	食堂管理	食堂新增饭卡办理
		临时用餐申请
	办公用品管理	办公家具管理
	物业管理	外来人员、车辆进入
		新员工人脸识别录入
		大厦门禁车牌录入
		大厦施工作业

（2）业务设计。食堂管理目前需在协同上线的内容主要包括新增饭卡申请及临时用餐申请的审批。员工填写饭卡办理申请→员工所在单位核实就餐资格→财务共享服务中心核实就餐资格→行政事务中心核实就餐资格→食堂管理员办理饭卡。由申请部门填写临时用餐申请→部门领导审核→行政事务中心核实就餐资格→申请部门分管领导审核→食堂管理员办理。

物业管理主要是指川西北气矿天然气大厦入口闸机的门禁管理，门禁管理是为了加强公司安全管理，方便业务人员日常的管理工作和事后门禁卡信息查询工作，目前包括外来人员及车辆进入管理、新员工人脸识别录入管理、大厦门禁车牌录入管理三个部分内容。业务对口部门填写提交外来人员信息→行政事务中心核实外来人员身份→物业公司门禁管理人员核实外来人员身份无误后放行。符合办理人脸识别员工填写录入申请→员工所在单位核实录入资格→人事科核实录入资格→行政事务中心核实录入资格→物业公司进行人脸识别录入办理。符合办理车辆录入条件的员工填写车牌录入申请→员工所在单位核实车辆录入资格→行政事务中心来核实车辆录入资格→物业公司进行办理。

办公用品管理是指机关及单位对办公用品的申请、采购、发放和使用的管理，在实际业务场景中，办公用品的管理包括办公家具管理，是日常办公业务的重要组成部分。各科室整理办公家具申请单→各科室负责人审批→行政事务中心审批→气矿分管领导审批→行政事务中心采购办公家具→行政事务中心办公家具安装→各科室收货确认签字→供货商开具发票→行政事务中心进行报销。

2. 信息站

（1）建设内容。经过对信息站现有业务的需求分析，本次建设内容包括 5 个一级功能、10 个二级功能，19 个三级功能，如表 5-19。其中一级功能包含应用系统管理、网络安全管理、通信及网络管理、生产信息化及自控管理及基础设施管理。信息站的建设涉及多个系统的组织机构、用户账号及权限、通信网络等流程线上审批，包含表单配置、操作权限配置、流程审批配置等。

表 5-19　信息站需上线协同平台的业务

一级功能	二级功能	三级功能
应用系统管理	自建应用系统	用户权限变更申请
	集团统建系统	即时通
		数字证书注册系统管理
		电子公文系统（OA）
		档案管理系统（E6）
		AD 域
		电子邮件系统
		ERP 用户账号及权限管理
	分公司统建系统	企业信息门户（EIP）
网络安全管理	网络安全管理	网络安全检查工作

续 表

一级功能	二级功能	三级功能
通信及网络管理	办公网	办公网 IP 地址管理
		办公网 VPN 账号管理
		办公网申请外销单位承诺书
	生产网	生产网 IP 地址管理
		生产网 4G 号卡管理
	办公电话管理	办公电话管理
生产信息化及自控管理	数据监控系统管理	变更管理
	基础管理	变更管理
基础设施管理	设备间人员出入管理	临时准入

（2）业务设计。

①应用系统管理。应用系统管理业务需要上线到协同平台的业务主要包含自建应用系统及用户权限管理。自建应用系统业务需要上线到协同平台的业务主要包含应用系统开发、应用系统运维及变更管理，设计思路在于：资源使用申请，发起者发起后业务部门负责人审核，信息管理部负责人审批，信息站负责人审批交由应用系统管理人执行，执行后知会发起者，上线申请，上线申请上传等保定级、漏扫、运维方案等内容等经过信管部线上审批后安排应用系统管理人执行后知会发起者。在应用系统运维过程中，设计思路在于应用系统日志检查，信息站对应用系统进行日志检查后登记检查记录，该记录可以查询统计；操作系统权限检查，应用系统管理人发起由信管部审核后应用系统向负责人进行日志检查数据库权限检查，由发起者发起经过流程审核后信息站执行检查后知会发起人；服务器安全配置检查，由应用系统管理人发起检查表信管部负责人审核后由应用系统管理人对操作系统实施进行相关安全配置

检查；操作系统远程登录账号管理，远程登录账号申请，远程登录账号审批，远程登录账号授权；数据直接访问管理，数据直接访问申请后由信管部审批，由信息站实施后知会发起人；备份恢复申请，运维单位自行备份时需要恢复备份进行测试，由基层单位申请，基层单位领导审批，信息站执行；备份申请，运维单位自己备份需要基层单位申请，基层单位领导审批，信息站执行。

②网络安全管理。网络安全管理需要上线到协同平台的业务主要包含网络安全管理及终端安全管理，设计思路如下：

办公网终端计算机安全检查及整改线上审批后信息站执行检查；

信息站对办公网内所有终端计算机（含台式机、笔记本电脑）的基线核查、漏洞扫描、离线核查、弱口令扫描、资产探测等进行检查后由信管部审核各个基层单位管理人员整改后进行反馈审核。

③通信及网络管理。通信及网络管理需要上线到协同平台的业务主要包含办公网、生产网、移动互联网、热线帮助、故障运维、通信传输链路、办公电话管理等。

④基础设施管理。基础设施管理需上线到协同平台的业务主要包含设备间人员出入管理、设备间设备管理，设计思路包括：设备间人员出入管理：信息站以外的人出入设备间需要申请人申请后申请人单位领导审核，信息站审核后方可进入。

⑤设备间设备管理。信息站登记记录机房 UPS 放电测试记录做台账查询；设备移入、移除经过申请形成台账。

3. 财务共享服务中心

（1）建设内容。经过对财务共享服务中心现有业务的需求分析，本次建设内容包括 2 个一级功能、2 个二级功能，如表 5-20。其中一级功能包括：资金结算、出纳。财务共享服务中心的建设涉及费用报销及付款审批的线上流程审批配置。

表 5-20　财务共享服务中心需上线协同平台的业务

一级功能	二级功能	三级功能
出纳	费用报销	—
资金结算	付款审批	—

（2）业务设计。

①资金结算。资金结算主要包括关联交易支付的单据：付款审批单（关联交易支付）。

付款审批单（关联交易支付）：主要包括基础信息的填写，然后各级审批。

②出纳。出纳主要包括薪酬发放的单据：付款审批单（工资支付）、费用报销审批单（工资支付）。其中，付款审批单（工资支付）主要包括基础信息的填写，然后各级审批。费用报销审批单（工资支付）：主要包括基础信息的填写，然后各级审批。

4. 工程项目造价中心

（1）建设内容。经过对工程项目造价中心现有业务的需求分析，本次建设内容包括 1 个一级功能、1 个二级功能、1 个三级功能，如表 5-21。其中一级功能包括：地面造价管理。工程项目造价中心的建设涉及设备材料价格管理按月上报的表单配置、流程配置及定期提醒配置等。

表 5-21　工程项目造价中心需上线协同平台的业务

一级功能	二级功能	三级功能
地面造价管理	设备材料价格管理	台账月报填报

（2）业务设计。

①地面造价管理。地面造价管理包含设备材料价格管理。其中：设备材料价格管理：主要包括台账月报填报。

②核心需求。物资设备管理部向造价中心提供大修或投资项目的采购台账。每个月月底前3天和最后一天提醒物资采购部。

5.QHSE 监督站

（1）建设内容。经过对 QHSE 监督站现有业务的需求分析，本次建设内容包括2个一级功能、5个二级功能、2个三级功能，如表5-22。其中一级功能包括：HSE 监督、工程质量监督。QHSE 监督站的建设涉及 QHSE 监督及工程质量监督过程中的现场检查、报监申请、监督检查月报等流程表单配置、流程审批配置等。

表5-22 QHSE 监督站需上线协同平台的业务

一级功能	二级功能	三级功能
HSE 监督	现场检查	生产现场检查
工程质量监督	报监申请	报监申请
	监督站受理	—
	监督计划反馈	—
	监督检查月报	—

（2）业务设计。

① HSE 监督。HSE 监督主要包括现场检查和远程监控检查。现场检查：主要是生产现场检查。远程监控检查：主要是远程监控情况记录表需检查人员每个工作日填报。现场检查主要是生产现场检查包括检查计划、检查报告、场站记录。

②监督计划反馈。监督站编制监督计划后反馈给相关基层单位及科（部）室。本模块的核心功能包括：通过协同平台实现线上流程。

（六）基层单位

1. 剑阁天然气净化厂

（1）建设内容。经过对剑阁气化厂现有业务的需求分析，本次建设内容包括 1 个一级功能、1 个二级功能、2 个三级功能，如表 5-23。其中一级功能包括：信息化管理。剑阁天然气净化厂的建设涉及闭关管理的问题上报、问题跟踪、问题处理的全流程管理及工控系统数据对接，包含闭关管理相关表单配合、业务关系配置、问题上报流程配置及与工控系统的数据对接开发。

表 5-23 剑阁天然气净化厂需上线协同平台的业务

一级功能	二级功能	三级功能
信息化管理	信息化建设	闭环管理
		数据管理

（2）业务设计。

①闭环管理。闭环管理主要包含问题上报、问题执行及跟踪、告警点配置及问题删除。问题上报：各班组成员发现问题后，通过协同平台系统电脑端 / 移动端发起《问题上报单》，需关联《设备信息库》，数据从物联网系统导入；问题执行及跟踪：根据上报问题的内容，选择对应的执行人员进行问题处理，跟踪问题执行情况；告警点配置：协同平台建立对应告警点项后由生产系统推送告警数字，根据告警数值自动触发《问题上报单》；问题删除：问题上报人 / 单位管理撤销《问题上报单》。问题类别配置：可自定义问题类型。DCS 关键报警数据，实现从生产网到协调办公平台的推送。

②数据管理。数据管理主要包含数据抽取：数据抽取。协同平台针对各类业务执行情况进行跟踪记录，形成对应业务台账；生产系统实时反馈设备运行情况数据到协同平台生成告警点配置数据。

2. 广元采气作业区

（1）建设内容。经过对广元作业区现有业务的需求分析，本次建设内容包括 1 个一级功能、2 个二级功能、3 个三级功能，如表 5-24。其中一级功能为作业区基础工作管理。广元采气作业区的建设涉及督办管理及零星维修审批的流程表单配置及流程审批配置。

表 5-24 广元采气作业区需上线协同平台的业务

一级功能	二级功能	三级功能
办公室	督办管理	督办事项通知单
		督办事项办结申请单
	零星维修审批	派工单

（2）业务设计。基础工作主要包括作业区内部的督办管理、零星维修。督办管理：作业区内部的督办流程，重点关注维度为：超期、已完成、进行中。零星维修审批：作业区内部流转。

四、平台技术路线

（一）与协同平台的关系

川西北气矿协同办公平台直接在当前协同平台上进行扩建，方便系统快速落地，关系如下：

1. 在协同平台上进行扩建

西南油气田协同办公平台已经平稳运行多年，基于协同平台强大的扩展性，西南油气田各单位在其平台上搭建了各类应用，不仅办公效率显著提升，而且办公模式也随之发生了很大改变，并且取得了良好的应用效果。鉴于此，川西北气矿通过协同平台的业务定制平台进行应用扩展，以低代码方式搭建协同办公平台，实现系统的快速搭建。

2. 使用协同平台服务器

通过在协同平台上进行扩建，直接使用当前已有服务器资源，不再单独购买其他服务器资源。减轻了部署基层服务器的开销，降低了风险发生率。

3. 使用协同平台分析功能

基于当前协同平台中的数据分析能力，川西北气矿将直接使用其分析能力用于生产运行数据分析以及数据可视化展示。通过可视化工具，可将枯燥的业务数据转换成图形集中展现在平台办公界面，实现了对信息数据的初步分析汇总，使数据更直观地显示出内在信息，便于用户决策。

4. 从协同平台进行取数

基于当前的数据管控模式，川西北气矿通过协同平台将办公相关数据存储在分公司云平台中，在数据分析使用过程中，将根据数据分析要求从分公司云平台进行数据抽取，进行数据可视化分析、呈现。

5. 协同平台提供整体技术服务

协同平台为川西北气矿提供整体技术支撑，在安全保障、系统升级、系统运维方面提供全方位服务，一同保障系统稳定运行。从根本上解决了办公功能增加造成的系统数量庞大、运维复杂等问题，这种一站式办公平台简化了管理难度，降低了运行成本，减少了系统风险。

（二）技术平台特性

技术平台在语言方面基于 Spring 开发框架，遵循 JavaEE 的标准规范，主要采用 JAVA 语言设计开发，同时引入 Groovy、Rest、Erlang、Html5、CSS3 等多种技术；在架构方面采用 MVC 编程模式进行分层设计，满足标准定义、分散关注、松散耦合、逻辑复用的设计要求；在数据持久方面采用基于 JDBC 轻量级的对象封装的 Hibernate 框架实现数据对象关系映射，可应用于任何符合 JDBC 标准的数据访问场景，支持主流关系型数据库。

平台基于分层、组件化设计思路，采用分布式体系架构，具有高度的灵活性和扩展性，各业务模块支持插拔，可根据客户需求进行快速配置、灵活组合。

平台提供完备的开放接口和规范，基于数据交换引擎 DEE 和单点登录 SSO，可与异构系统等组织内部系统进行人员、页面、数据、流程和消息的多层次集成整合。

平台具备良好的兼容性，支持 windows\linux 操作系统，支持 mysql、SqlServer、oracle 数据库，支持主流 Tomcat\WebSphere\Weblogic 应用服务器，提供多语言和多时区支持，客户端支持 IE10 以上、chrome12、360 浏览器（极速）、safari 浏览器。

1. 组织权限引擎

权限控制体系基于 RBAC 模型，用户权限与其角色相关联。在一个组织中，不同角色是为了完成不同工作而建立的，用户应组织要求被指派为某个角色，被赋予该角色对应的权限。当用户从一个角色被指派到另一个角色时，其权限也相应改变，极大地简化了权限的管理。角色可依新的需求和系统的合并而赋予新的权限，而权限也可根据需要从角色中回收。

2. 工作流引擎

遵循国际标准，针对中国独特的单位文化，采用独创的二元化工作流思想，建立组织管理流程和规范的互联网管控平台；参照工作流联盟 WFMC 参考模型设计和实现。

3. 门户引擎

支持多种预制皮肤的灵活切换，满足组织和角色信息呈现的不同要求，支持空间 / 栏目 / 菜单等多种集成方式，通过 SSO 单点登录，用户无需二次登录即可使用集成的空间 / 栏目 / 菜单等应用功能。门户引擎采用 Spring MVC 框架实现分层设计，采用 Hibernate 作为数据库持久层框架，同时利用平台的缓存组件提升门户引擎获取资源信息的效率并减少数据库读写的压力，采用模板引擎进行页面渲染。

4. 数据分析引擎

平台提供高效、简洁的报表设计方案，采用业界主流的数据双向扩展，实现真正零编码方式进行报表设计，同时拥有强大的报表展示功能，提供完善的报表权限及调度管理功能，具有良好的跨平台兼容性，支持和各类业务系统进行集成，支持各种操作系统，支持主流 web 应用服务器。前台是纯 HTML 展现，无须安装任何插件。实现对业务数据进行提取和计算的定义和配置，以支持对业务数据查询统计应用。

5. 全文检索引擎

提供对结构化和非结构化业务数据进行索引创建及检索的机制，以支持全文检索应用。

（三）应用平台特性

业务可定制化应用平台满足个性化业务定制，支撑业务信息化应用的长期运营和完善需要，满足客户不断增长、变化的管理需求和业务需求，并且还满足移动化需要，满足多系统的集成整合需要。

1. 一体化、可视化的业务设计

可围绕业务应用过程的信息化需求，提供可视化、轻量级的设计，完成从底层基础数据、业务数据定义、业务逻辑定义，到界面封装的三层分级模型配置。

2. 强大业务关系引擎

强大的业务关系引擎，具备触发和关联双向连接能力，可实现业务深层次需求的扩展，低代码方式实现复杂业务功能的快速开发。

3. 可定制化移动应用

平台除了 PC 端业务定制，同时支持移动应用的门户、业务空间和数据展示，支持在移动端处理业务，实现通过定义支持从移动多角色全场景：移动门户、业务规则、单据、列表到移动报表的全应用定制。

五、系统安全保障措施

系统保证安全可靠，具有容错能力。针对川西北气矿自主可控协同办公系统建设项目，以国家信息安全等级保护三级为基准进行系统安全设计，整个系统的安全体系架构从系统环境、网络、硬件、数据和软件五部分着手，分别对应国家信息安全等级保护第三级的物理安全、网络安全、主机安全、数据安全和应用安全进行整体设计。系统环境安全因素：机房位置选择、防水防潮、防静电、物理访问控制、防盗窃破坏、电力供应和电磁防护；系统网络安全因素：安全区域划分、安全边界防护、访问控制、安全审计、入侵防范、病毒防护（防护常见的 web、ddos、爬虫、病毒等攻击）和通信保护；系统硬件安全因素：身份鉴别、访问控制、安全审计、入侵防范、资源控制、病毒防护、安全标记和剩余信息保护；系统数据安全因素：数据保密性、数据安全性、数据备份与恢复；系统软件安全因素：身份鉴别、访问控制、安全审计、软件容错、资源控制、通信完整性、通信保密性和抗抵赖性。

（一）用户访问控制

新增账户的默认口令由业务系统随机生成；协同办公系统需按照规则进行用户密码设置，通过密码强弱度的校验等措施，不符合命令规则的密码不允许创建，密码支持不同长度及数字、字母大小写和特殊符号等口令因子间的组合方式。同一账号、密码只能同一用户使用，不允许多人使用同一账号。

用户第一次登陆，可强制用户修改登录密码；管理员可设置用户修改密码周期，对密码定期强制修改；密码尝试失败的账户冻结控制；用户操作超时，系统注销用户信息或锁定用户操作界面。对系统管理用户权限进行控制，用户在进行系统管理操作时，需用已经建立的系统管理员用户登录，并且只能以用户属性中设定的权限执行相关的操作、使用相关的管理功能等。

（二）控制

通过配置，可以达到限制IP，控制到某个IP，某个时间段登录系统。对本单位人员进行IP访问设置，管理员可进行新建、修改、删除访问控制设置。协同办公系统运行日志，实现基于IP、基于时间、基于日志类别和严重程度等的查询、审计，生成报表，能够对每次非法操作产生警告，及时发现问题。确保存储数据不仅不会遗失，还能便于查询审计工作的开展。

系统提供用户访问日志，包括访问人员、用户IP、访问时间和访问模块，记录用户在业务系统使用过程中登录、注销、查询、导出、增加、删除等行为。记录所有系统操作人员在业务系统的操作过程中的产生的历史日志，包括访问的功能模块、执行的操作、操作执行的时间、操作执行的结果等；通过后台配置，可以限制IP，控制到某个IP，某个时间段登录系统。

（三）其他安全策略

1．网络安全

在川西北气矿自主可控协同办公系统的网络安全方面，应将重要系统的网络设备日志设置日志服务器进行独立日志存储。针对已经接入川西北气矿自主可控协同办公系统的分支节点，可以通过内网交换机，直接访问系统。

2. 应用安全

为避免单一系统管理员的权力过于集中，引发风险，为协同办公系统用户设立了三个管理员：系统管理员、安全管理员、审计管理员。系统管理员主要负责系统的日常运行维护；安全管理员主要负责账户管理、信息基设置和分级授权；审计管理员主要对系统管理员、安全保密管理员和普通用户的操作行为进行审计跟踪分析和监督检查。通过这种分权管理，相互制约，相互监督的机制，可以满足国家对于涉密单位的信息系统专门制定了安全等级保护要求密码安全控制。用户可以自由设定是否开启三员安全组件，分配安全三员的管理角色，设置新建用户的默认角色，设置规则针对的角色以及是否启用规则，明确三员的管理职责，操作简单快捷。每次修改都有详细且不可删除的审计记录。在角色和权限管理、用户管理以及工作流设置（设计表单和设计流程）的功能中做了相应的功能限制，用户可根据使用的模块决定是否启用，亦可通过二次开发增加新规则来实现其他功能模块的三员管理化。

3. 系统管理员

系统管理员主要负责系统日常的运行维护工作。提供组织机构管理、系统安全控制、系统日志管理等功能，支持文档备份管理。默认情况下，三员角色为系统管理员的用户登录后，拥有查看角色详情、新建、编辑、克隆、删除角色及调整角色排序的权限，并有导入导出角色信息的功能。

4. 安全管理员

安全管理员主要负责系统的日常安全管理工作，包括用户的角色权限设置、关键业务流程权限控制等。安全管理员登录后，在角色管理中可以查看角色详情、设置角色权限，添加 / 删除权限，添加 / 删除辅助角色及超级密码设置的功能。在用户管理中仅有修改用户的角色和设置用户能否登录协同办公系统的权限；在工作流设置仅有设计流程中的管理权限、经办权限以及保密字段设置的权限。

5. 安全审计员

安全审计员主要负责对系统管理员、安全管理员及其他用户的操作行为进行审计跟踪分析和监督检查。安全审计员通过查看关键操作记录审查其他二员的工作情况。

（1）系统提供备份策略和备份管理。例如每天凌晨 2:00 对系统数据进行备份。备份内容、备份策略可进行配置（例如备份时间配置，备份的目录）。系统支持电子签章与文档捆绑，通过密码验证、签名验证、数字证书验证确保文档防伪造、防篡改、防抵赖，安全可靠；并实现对签章人的身份识别，确保其真实意愿的体现，防止事后抵赖，有效地杜绝了安全隐患。

（2）统一日志管理。构建统一的日志产生和管理功能模块，其他业务功能模块均采用接口调用方式，将需要产生的日志信息统一由日志功能模块进行处理。然后通过这个统一的日志管理模块，可以进行定人、定时、定功能模块等多种层面的分析处理，为系统安全管理、业务运维保障、系统运行问题分析等多方面提供全面综合的信息系统。提供强大日志审计功能。对非法账户在进行非法登录，记录非法访问记录，长期进行攻击时，可以进行账户锁定，对于重要系统的业务日志可设置日志服务器进行独立日志存储。

（3）数据安全。系统中通过提供冗余设计、实时系统数据保密性、系统数据的完整性等措施来实现系统的数据安全。

（4）接口服务安全。接口服务包括接入和接出两部分，目前在建设中存在临时增加对接系统的情况，当前暂无法确认涉及对接的所有系统，后续如有需对接的系统将严格按照制度流程上报分公司信息管理部审核后再进行相关开发。

六、风险保障措施

协同办公平台系统实施的成功标准应包括：在计算机系统层面，系统在它的生命周期内可靠、稳定地运行。在管理制度和业务流程层面，通过系统的实施应用，建立起一套符合气矿业务管理的办公流程。在数据层面，系统相关的业务节点的人员能按照系统运行规范使用系统，相关业务环节的数据能及时、完整地进入系统数据库，实现工程有效数据的沉淀和共享。任何工程的管理活动是全员参与的活动。气矿应该从管理上保证系统涉及的各业务相关部门人员对系统实施的配合和系统的使用。协同办公平台的实施过程是知识转移的过程，通过系统的实施，将其中蕴含的管理思路、业务流程、系统构建和操作方法转移给气矿全体用户。知识转移的重要方式是培训，有效地培训可以保证系统的成功应用。在培训工作中，服务方选派富有培训经验和业务知识、业务经历的实施顾问作为培训讲师。川西北气矿选拔良好学习能力和学习热情的人员参加培训，通过培训学习，胜任日后系统运行阶段的“培训老师”工作。

第六章　能源企业面临的挑战与应对策略

综合以上川西北气矿数字管理协同创新平台应用过程，不难发现其成果较为显著。但是随着时代发展步伐的不断加快，川西北气矿在打造数字化管理协同创新平台的道路中，依然要面临诸多挑战，还要不断积极寻求应对挑战的策略。

第一节　能源企业的主要挑战

结合当前川西北气矿数字化管理协同平台所取得的成就，以及数字化转型道路中所提出的新要求，未来能源企业必然会迎来更加严峻的挑战，主要体现在以下三方面：

一、培育数字化转型“内驱力”，助力“老区稳产、新区上产”

不断完善“川西北气矿自控工作室”职能，开展场站低功耗一体化数据采集、“控制中心 + 数据链”FAT 测试，与信通中心工业互联网实验室、气矿邛崃采气作业区练兵场联动，打造“工作室仿真模拟 + 生产站场实时读取”的多单位专业化创新运行模式，实现一键式远程联调，新区单井自控联锁率 100%，控制系统现场测试时间缩短 70% 以上，促进了“全面感知”和“自动化生产”能力“换挡升级”。

二、提升数字化转型“执行力”，推进“制度规范、标准统一”

基于国家、行业及公司相关标准规范，总结自控系统典型画面绘制功能要求、信息化项目建设等推荐做法，推进两化融合及数据治理等制度修订，开展川西北气矿“油公司”模式下数字化转型专项行动，形成自控系统测试标准和维护模式，为推进气矿数字化转型提供制度及标准支撑，管理效率得到提升，有效保障数字化转型的高效推进。

三、打造数字化转型“软实力”，促进“人才锻炼、思维培养”

通过“龙门山大讲堂”邀请华为公司、清华四川能源研究院等校企专家进行交流授课，开展实操技术比赛及两化融合知识下基层培训，借助“鱼跃龙门人才培养计划”派人到专业的 IT 公司学习锻炼，推进信息化人才队伍建设，培养全员数字化思维能力，形成信息化相关合理化建议 60 项，解决技术难题 21 项，人员管理能力及数字化思维能力得到有效提升，不断为数字化转型升级“积蓄动能”。

强化数字化转型“创造力”，实现“安全受控、提质增效”。搭建开发生产数据整合“一张图”，实现生产动态实时监控。利用生产数据集成整合与智能分析系统跟踪数据质量，通过三维模型逆向建模和流程图活化形成智能 P&ID，完善协同办公应用、视频智能巡检、甲烷管控应用等平台建设，促使生产现场安全受控、生产数据智能分析、视频智能巡检节约人力、无纸化办公提质增效。不断当好“两化深度融合”的实践者、“智能油气田”的建设者、“数字化转型智能化发展”的先行者。

第二节　协同创新管理的体系化发展

川西北气矿以办公业务高性能、高整合协同运作为目标，以管理合规、执行精准、即时沟通、数据共享、移动办公、决策支撑为指引，以提升组织效率为核心，强调对传统管理流程、方式的变革，做好顶层设计、整体规划，以信息技术、工具为驱动力，重点厘清业务流、工作流、数据流，通过构建一体化协同管理平台，形成所有办公业务线上运转，完善气矿管理机制与制度体系，做到工作标准规范、岗位职责清晰、业务流程优化、数据共享复用、移动办公高效，构建具有天然气企业特色的办公业务数字化协同运作模式。主要做法如下：

一、明确办公业务协同运作的工作思路

（一）明确办公业务协同运作的根本目标

工作协同：统一目标管理，树立企业员工共同的工作理念与价值观，达成协同主体间的价值观协同，将企业目标转化成组织行为，分解到不同部门 / 单位、不同个人，同时挖掘协同主体的相对长项，通过目标嵌套融合协同主体，增进企业内部的工作协作，保障所有员工个人组织行为的集合达到组织目标，实现协同价值创造，提升气矿组织效率，完成复杂组织形态下的高效协同。

业务协同：工作和业务相互融合，结合气矿生产经营管理实际，依据气矿机关和所属单位管理界面、职能定位、权限划分，系统梳理气矿战略管理、核心业务、管理支持、党建业务，形成气矿业务能力框架。明确制度优化方法、原则，通过业务流的规则梳理，厘清业务交叉点，

系统梳理每项业务对应的规章制度，优化完善业务程序，定制独有的业务应用，重塑业务流程，构建管理平台，实现业务协同。

集成协同：整合公司资源、联动企业业务系统、广泛积累数据，打通工作流、数据流，消除企业信息孤岛，搭建办公业务一体化办公平台，保持企业信息口径统一，通过 PC 端 + 移动端，避免“时空受限”，达到移动办公，通过构建企业信息化生态，为员工赋能，辅助企业管理者进行管理决策。

（二）构建业务协同运作体系实施路径

加强顶层设计，注重气矿整体业务的系统性、整体性和协同性，发挥气矿整体协同的效应、完善推进业务协同的机制以及基于气矿不同业务领域的分类监管与协作模式。通过完善、落实相关规章制度，建立基于气矿业务本身的规范化、制度化、标准化管理机制，注重业务与制度的融合，构建业务协同运作支撑体系，明晰各部室、各层级分工协作的管理机制，细化各相关组织任务分工，协同合作、各司其职、上下联动，实现各个部室单位的优势互补，推动业务向有序、稳定和协同方向发展，从而实现业务协同运作整体效应的放大。根据不同业务的定位和管理模式，结合气矿现有应用系统，整体设计、分步实施，搭建统一协同办公平台框架，形成流程规范、制度约束、运行高效、协同灵活的协同运作场景，通过信息化手段为气矿业务协同运作、持续优化营造良好支撑环境，提高企业实际经营效率与经营质量，改善气矿管理效能，对实施后的各项业务运作进行跟踪评价，持续优化完善管理体系。

二、分解战略目标，提升员工工作认同理念

气矿确立“4251”高质量发展战略目标，并提出“三步走”发展战略，气矿将战略目标细分成具体工作，对应不同职能科（部）室牵头组织完成，重点工作成立项目组，气矿分管领导作为项目组组长整体推进，

促进相关部门工作协作。围绕生产问题和管理瓶颈，成立气矿高技能人才工作室和一级工程师工作室，认领揭榜挂帅项目，提报成熟人才个人或团队研究项目，充分发挥技术（能）专家领衔作用，推进气矿复杂问题协同解决。多场合开展气矿发展形势与目标宣讲，通过"送知识、送技能到基层"活动，开办"龙门山大讲堂"，加深员工对企业发展目标的理解和认同，不断拓展员工眼界和思维，帮助员工建立系统思考方式，同时调整单位奖励基金向主动作为人员倾斜，引导员工思维由"发奖金"向"挣奖金"转变，完善全员绩效考核机制，强化工效挂钩，强化"选、育、用、留"各环节衔接，让员工将个人工作目标、职业规划与企业发展目标绑定，增强工作积极性和协同度。

三、系统规划协同运作体系，打造协同办公新型能力

（一）梳理业务与制度，描述当前业务管理现状

结合气矿生产经营管理实际，依据气矿机关和所属单位管理界面、职能定位、权限划分，系统梳理气矿核心业务、管理支持、党建业务，形成气矿业务能力框架。明确制度优化方法、原则，确立3个标准化梳理模板，气矿机关13个科室、6个直属机构对本部门业务及制度进行系统梳理，6个直属单位对本单位业务进行梳理，准确描述企业当前业务流程，通过业务流的规则梳理，厘清业务交叉点，系统梳理每项业务对应的规章制度，优化完善业务程序；通过工作流的责任梳理，优化工作流程，落实岗位节点控制，完善工作模板；通过数据流的规则梳理，规范字段标准，落实数据源头，充实数据范围。选取业务覆盖广的广元采气作业区、剑阁天然气净化厂试点，对自身工作内容进行梳理，自下而上地印证气矿机关及直属单位制度、业务梳理情况，并描述业务延伸至基层单位内部流转情况。

（二）梳理气矿已有平台支撑，系统规划气矿创新协同运作体系

将业务需求分为经营管理类、党群工作类、业务办理类三大类，遵循目标导向、价值需求、管理合规、工作协同等规则，梳理气矿已有平台支撑，从企业整体业务流程优化角度建立业务流程模型，构建符合企业长期持续发展需要的创新协同运作体系。部分业务已有专业系统进行支撑，例如勘探开发数据管理、合同管理、档案管理、承包商管理、知识产权管理、人力资源管理等，主要基于信息的录入，对于各项业务的结果产生过程多数缺乏支撑。上级公司统建专业系统继续支撑气矿现有业务工作，并评估结果产生的全流程是否还需要利用信息化手段增进协同。气矿一线场站统一使用已有作业区数字化管理平台，自底层实现对业务体系和生产体系的维护，以生产实体和操作类型组合而成的操作单元为核心，实现流程规范、操作要点、安全风险、关联数据、操作表单的规范化管理，满足作业区机关及一线井站的业务应用需求。生产数据集成整合与智能分析系统集成不同生产数据，对各类报表系统、生产数据应用提供数据支撑。基于上级公司协同办公平台扩展功能建设，支撑业务流程过程和业务数据管理。优化气矿自建系统现有功能，如车辆调派、合同过程管理等，功能迁移集成至协同办公平台系统，统一业务办理功能入口。

（三）推进业务流程再造，打造办公业务数字化协同新型能力

对气矿工作活动及相关流程进行重新设计和根本性的变革，以流程为中心而非职能部门为中心，对业务进行横向上的归类和纵向上的拉通，整合瞄准企业效率低下的核心过程，设计尽量减少不必要的沟通成本、决策成本，尤其注重跨部门的业务设计，增进任务的统一管理、标准管理，打造办公业务数字化协同新型能力。在业务流程的设计过程中，注重让使用流程输出结果的人来执行流程、跟踪流程过程，保证流程执行

的高效和高质量；清洗非增值的流程节点，取消不必要的审批或者流转环节，推进管理流程的扁平元；对并行工作流程、活动通过信息技术进行连接，实现相互间的交流，避免集成阶段结果出现的不匹配问题；将决策点下放到基层，实现员工任务的自我管理，在提高基层员工知识和管理水平的基础上，一般员工按照流程目标对执行过程进行监控，及时调整执行方案；将地理上分散的资源视为集中资源建立数据库进行整体调控，实现财务、数据、采购、物资的集中管理，充分发挥资源的效率。

四、构建企业协同办公平台，增进业务协同

（一）科学策划，系统规划平台设计架构

从企业业务流程优化的角度配置和实施信息系统，以全局角度为出发点，以标准化设计、标准化建设、标准化运维三个标准化的设计理念，遵循整体一致性、融通共享性、先进兼容性、经济易用性原则，以实现业务精细化、规范化管理为目标，基于上级公司协同办公平台基座，构建气矿协同办公平台。平台按照“三横两纵”的架构形式进行设计，三横为业务前台、业务运营中台和服务后台，两纵为数字化标准体系和网络安全体系，总体架构的设计见图 1。建设范围覆盖气矿所有单位 / 部门，涉及综合办公、人事管理、企管法规、质量安全、党群工作、信息管理、生产管理等多个业务领域，详细做好表单、流程、应用模块、空间展示及业务视图建设等工作设计，决策层以“领导驾驶舱”方式呈现，重点在数据利用、综合分析、决策支撑等方面，气矿整体运转一览尽收；管理层以“业务管理视图”方式呈现，重点在业务应用、数据串联、统计报表等方面，部门主管、关联业务尽数悉知、办理；执行层以“业务功能模块”方式呈现，重点在工作流转、协同办公、数据上线等方面，所有业务均可线上办理、跟踪。打造移动办公 APP，办公手机端 APP 精简业务视图呈现，业务办理和信息查阅与电脑端功能一致，同时与公司

短信平台、企业即时通信系统数据集成建立协同消息提醒机制，通过短信、企业微信及时通知员工协同待办信息、会议通知等内容。

（二）细化业务需求，建设合理功能

根据业务需求功能不同，分为台账类、报表类、业务办理类、任务跟踪类。台账类，提报台账审核后生效，后续可对台账进行维护，解锁后可修改，如车辆台账、驾驶员台账、印章台账等；报表类，注重对数据进行汇总、审核，审核发布后不会产生后续修改，如周月报等；业务办理类，注重流程的流转，流转过程中不合理允许被回退，发起主体可跟踪流转过程，对各流转节点进行催办，及时协调处理，如人员调动、用户权限申请、印章申请、外来人员准入申请等；跟踪类，填报责任主体非发起人，可以是系统自动发起、主管部门发起、申请经主管部门审核后，注重对任务的跟踪，并可设置截止时间触发任务关闭、催办、考核等功能，如通知管理、督办管理、调查问卷等。不同类型应用根据需求建立汇总表或数据统计表，实现资料的自动汇总和分析。大型流程需要拆分成多个不同类型的表单应用，通过主流程触发关联流程表单，建立统一的任务档案，触发的关联流程也可在其他地方可作为主流程使用，如大修项目管理会触发合同管理，合同申请不仅局限于大修项目管理，在其他需要情况下也可单独发起，同时对大修管理设计了项目管理地图，可查看整个大修项目实施进度、各项子任务进度，指导还需要开展的工作。

（三）统一信息源头和数据标准，实现数据共享

通过业务流程产生的数据，构建统一数据标准、数据规范、数据源头，让数据存储完整、准确、及时、规范，在数据产生地源头一次性获取数据，并实现数据的共享，避免数据孤立于某个业务，减少相同数据的重复采集，通过业务协同运作将数据融合管理、集中存储、互联互通，减少信息重复录入可能产生的不一致错误，并通过不同人员、业务对数据使用的过程中共同核实数据的准确性，在数据源系统中进行修改。如

场站数据统一由主元系统获取，设备数据统一由设备综合管理系统获取，生产报表数据统一由生产数据集成整合与智能分析平台获取，一线场站资料统一由作业区数字化管理平台获取，平台产生的动态分析信息、非招标报审信息会推送至上级公司协同平台对应表单中，平台自建统一的人员信息库、车辆库、印章库等，相关业务均链接数据库信息开展。

五、建立适应于办公业务协同运作的保障能力

（一）组织保障

成立办公业务协同运作领导小组，组建协同运作工作推进组、运维保障组，该项目作为“一把手”工程实施，由川西北气矿矿长担任领导组组长，分管气田开发生产及信息化的副矿长担任协同运作总体设计负责人，气矿办公室、企管法规科业务总体牵头业务评估和流程再造，各部门作为本部门主导业务梳理和业务流程再造的责任主体，信息管理部负责信息系统架构设计，信息站做好信息技术支撑。

（二）运维保障

在统一制度、标准指导下，建立远程服务、在线服务、现场服务的标准、边界、工具与方法，规范运维服务过程，通过制度建设明确气矿办公业务协同运行保障协调机制、常规事件通报上报机制、经验共享及运维质量考核评估机制，制度与流程的加持形成气矿统一规范、协调运维的工作模式。系统运行过程中，信息管理部统一对协同办公业务的运维保障提供支撑，对业务进行整体分析，强化管理，保障协同办公平台整体稳定运行，对跨部门、跨业务的功能问题及需求统一协调沟通，保障业务协同；信息站作为系统建设单位和技术支撑单位，负责系统培训、权限分配、后台数据管理、项目问题处理；各部门作为业务管理部门，负责本部门主管业务流程问题的收集、评估、联络整改；各单位作为使用单位，负责本单位权限管理、系统使用、问题汇报。

（三）优化系统长效管理机制

在系统协同运作过程中，建立量化指标，以业务主导，每月对已建业务流程进行评估，是否有效降低沟通成本、时间成本，是否解决“时空受限”、加快业务办理进度，是否保障制度规范管理，是否解决工作执行不力、增强任务落实，是否减少数据分散、降低数据收集时间，是否基于数据支撑工作决策，是否有业务数据扩展需求，业务应用存在问题，业务功能优化建议，制度优化建议。针对评估结果提出完善系统功能方案反馈至主管业务部门评审，在后续项目建设中优化迭代，以用促建，完善系统功能建设。通过协同运作体系检验气矿制度的适用性，修改不适应条款，优化制度的调整。

第三节　挑战下的机遇

围绕“生产管控数字化、工程建设数字化、协同支持数字化、风险管控数字化”4 个数字化，统筹推进油气勘探、开发生产、管道运营、生产运行、工程技术、地面建设、综合办公、科研协同、信息保障、质量安全环保、油气销售、经营管理等 12 个业务创效。

一、生产管控数字化

（一）油气勘探开发

一是严格执行分公司勘探项目专业化管理，严格执行“分公司 + 事业部”两级管理模式。二是逐步完善线上业务流程。按照分公司要求，完善勘探数字化管理机制和运行机制，明确职责及流程，力争实现数据入湖共享、支撑智能应用，强化开发井钻试动态跟踪评价和现场监督管理。三是稳步推进智能化发展。初步建设智能工作辅助决策，提升勘探开发决策实效性和科学性。

第一阶段：2021 年—2022 年 6 月，配合“分公司 + 事业部”两级管理、转型试点，打通业务流程。第二阶段：2022 年 7 月—2023 年，初步实现技术成果、专业应用数据入湖共享；专业化应用进一步深化，资源发现时效性明显提高。推广应用地震处理解释快算等新技术，加快气矿滚动勘探开发步伐，在致密气、常规气多领域实现资源突破。第三阶段：2025 年，初步实现数字化转型，专业应用、技术管理水平显著提升，通过智能工作辅助决策，提升勘探开发决策实效性和科学性。

（二）开发生产

开发生产数字化逐步转型并向智能化发展。一是逐步完善 SCADA 系统控制功能。二是完成物联网完善的推广。三是实现自动分输系统的推广应用。四是在净化厂推广智能机器人巡检。五是实现三维数字孪生应用。六是实现大数据分析预警技术运用。七是推动数字化气田管理升级。八是实现管理模式全面转型。

第一阶段：2021 年—2022 年，打造以“工业控制系统 + 物联网 + 作业区数字化平台”为标志的数字化油气田试点工程；重点区域实施“单井无人值守、气田分区联锁控制和远程支持协作”的生产管控新模式，两个现场“岗位标准化、属地规范化、管控数字化”全覆盖。第二阶段：2023 年，总体完成数字化管理平台升级推广建设，实现部分开发管理决策辅助功能，巡检覆盖率 90%，关键数据采集完成率 100%，工艺数据自动化采集率达 95%；实现“自动化生产、数字化办公”，开发及净化生产关键流程的信息化覆盖率达到 100%，完成开发及净化业务数字化转型。第三阶段：2025 年，全面完成开发及净化业务数字化转型，初步建成智能化气田和智能化工厂，初步实现智能化管理。

（三）管道运营

围绕“全面感知、自动操控、趋势预测、优化决策”四个方面，高起点、高质量、高效率地开展智能化管道建设，不断提高管道安全、运营水平管控，实现低成本高质量发展。

第一阶段：2021 年—2022 年，持续深化“岗位标准化、属地规范化、管理数字化”。高水平开展管道数字化管理平台 3.0 建设，整合气矿完整性管理成果，实现管道操作业务全数字化运营；配合公司管道管理平台建设，做好管道管理平台在气矿的推广、应用工作；开展双鱼石区块含硫管道泄漏检测及预警技术的试点应用工作。第二阶段：2022 年—2023 年，完成数字化转型，实现“自动化生产、数字化办公”。完成智能管道业务流搭建及管道管理平台推广，实现线上业务的标准化、模块化，优化现行协作流程，提高工作效率，降低沟通协作成本；高质量开展输气管道数字化恢复，建成输气管网数字孪生体；含硫集输气主干线全面应用光纤预警及次声波泄漏检测新技术，实现高风险管段全天候不间断监控；高水平建设管道数字化管理平台 3.0，整合气矿完整性管理成果，实现管道操作业务全数字化运营；完成管道业务数字化转型，输气管网实现集中监控。第三阶段：2025 年，初步建成“全面感知、自动操控、趋势预测、优化决策”为特征的智能管道，管道管理效率提升 100%，失效率处于安全可控状态，实现低成本高质量发展，力求经营效益最大化。

生产运行：全力打造“1+4”生产运行信息化系统建设，“1”代表加快升级生产运行指挥系统 2.0 建设，“4”代表持续优化井工程运行管理系统、土地管理信息系统，加快建设自然灾害防治、水电管理信息系统，全力推进生产运行业务数字化转型。第一阶段：2021 年—2022 年，运用数据实时监视功能，以产销为核心，涉及生产管理、应急管理、受控管理等直线调度指挥作业区中心站、净化厂中控室，生产调度由传统的“气矿 – 作业区 – 中心站”“气矿 – 净化厂 – 装置”模式简化为“气矿 – 中心站 / 中控室”模式，气矿调控中心直接管理到一线场站、缩短管理链条，减少信息传递环节，提高处置效率，实现调度程序扁平化。第二阶段：2023 年—2024 年，完善生产实时数据建设及预警功能、完善重点场站远程控制功能，对气矿产运销全过程实施集中调度指挥、远程监视控制、维抢修作业协调和管网运行优化。根据生产运行计划，统一调配，优化运行。调控程序实行两级控制，即远控（气矿调控中心）、中控（中心站\中控室），由目前的中心站\中控室一级生产管控转变为气矿和中心站\中控室的两级生产管控模式。第三阶段：2025年，依托生产运行指挥系统和辅助决策应用建设，初步形成智能化自动化辅助决策能力，减少人工干预，实现指挥决策一体化、数据集成化、指挥可视化。

二、工程建设数字化

（一）工程技术

实现气井“数字化设计、数字化移交、数字化监督”。第一阶段：2022年初步达到“全面感知”，实现钻井、试油作业现场实时数据采集、远程传输、视频交互。第二阶段：2023年达到“远程支持”，实现大数据平台构建、井工程数据整合、远程专家支撑。第三阶段：2025年初步达到“智能管控”，实现全业务流程智能辅助、实时远程支持决策、智能工程分析预警。

（二）地面建设

遵守地面建设数字化管理配套企业标准，推广地面建设数字化管理平台应用，打造基建工程全生命周期管理数据基座，实现项目数字化管理，完成数字化转型目标，全面提升基建工程质量、安全、进度、投资管控能力。

第一阶段：2021年，学习掌握分公司发布的地面建设数字化管理配套企业标准与数字化管理平台功能，推广应用地面建设项目数字化管理和地面工程数字化移交。2022年，完善地面建设工程流程管控体系，实现项目前期、施工图设计、施工准备、工程施工全过程数字化管控。第二阶段：2023年，全面推进项目数字管理平台建设，实现限上地面建设项目数字化管理和地面工程数字化移交。第三阶段：2025年，按分公司统一部署，完成基建工程数字化转型，全面实现地面建设数字化项目管理和地面工程数字化移交的总体目标，有序在地面建设工程项目中推广应用地面建设数字化管理平台，稳步提高数字化项目管理能力和地面工程数字化移交质量。

三、完成协同支持数字化

（一）综合办公（办公、计划等）

实现“信息共享、高效协同”。第一阶段：2021年，初步实现两级机关核心业务数字化协同办公。第二阶段：2023年，完成数字化转型，实现数字化办公。第三阶段：2025年，初步实现智能化办公。

（二）科研协同

以提高科技攻关质量和提升科技管理效率为目标，按照“优化管理制度、组建攻关团队、建立信息平台、形成培养机制”工作思路，推进数字化转型工作。

第一阶段：2021年形成气矿科技管理平台建设方案，以解决生产难题为目的，初步建立各专业攻关团队。2022年实现气矿科技管理平台部分模块上线运行，完成各专业攻关团队建设及运行。第二阶段：2023年持续优化科技管理平台功能，各模块实现线上运行，评估攻关团队运行情况。第三阶段：2024年气矿科技管理平台全面上线运行，持续推动气矿攻关团队建设；2025年初步实现科研项目全过程、全周期信息化管理，建立主要专业科技攻关团队。

四、完成风险管控数字化

（一）质量安全环保

风险管控实现“事前预测、事前预警、事前预防”，质量安全环保管理实现“标准化、一体化、协同化和智能化”。

第一阶段：2021 年—2022 年 6 月，建立监测数据管理平台，将现场监测异常情况及监测数据、关键要害监测点位及环境敏感点周边存在的环保隐患等信息集中整理至统一平台，实行动态管理，实现提升监测数据的报送速度、准确反映现场监测点位的变化情况。第二阶段：2022 年—2023 年，按照分公司统一部署，进一步完善环保数字化数据库，初步实现环保风险自动预警。第三阶段：2025 年，在全面实现作业区数字化管理平台作业许可模块的基础上，进一步推动安全风险管控数据化、远程化、可视化，确保各项风险作业步步确认、安全受控。

（二）销售风险管控

实现“及时感知、精确统计、智能分析、提前预警、风险管控”。第一阶段：2021 年—2022 年 6 月，深化营销管理平台建设，初步实现数字化管理。第二阶段：2023 年，完成数字化转型。第三阶段：2025 年，初步实现对销售市场（客户）、形势和发展趋势的智能化预测和预警，对销售数据精确统计分析，风险管控到位，初步建成智能营销管控体系。

（三）经营风险管控

搭建与“油公司”模式相适应的财务管理信息平台，实现财务数据收集、传递、分析、报送自动化和智能化，以管理会计工具应用和业财融合为方向，实现财务相关信息化工作从流程驱动到数据驱动的转型。

第一阶段：2021 年，按照集团公司、分公司对共享业务整体推进安排，持续推进财务共享业务平台运行，搭建与“油公司”模式相适应的财务管理信息平台。第二阶段：2022年—2023年，以数字化技术为支撑，随着共享中心业务扩展，逐步建立统一、规范、口径一致的财务大数据库，实现财务数据收集、传递自动化和智能辅助分析。第三阶段：2024年，以财务大数据为核心，基于业财数据的融合，按照业务板块分类形成数据资源中心，实现不同业务板块、不同应用场景的快速、准确、完整数据服务；2025年构建经营管理分析报告平台，初步实现经营风险、决策支持、趋势预判等智能分析。

第四节　挑战与策略的案例分析

结合当今时代对能源企业数字化转型所提出的新挑战，以及川西北气矿所应该采取的策略，以下笔者就根据川西北气矿具体应对策略的应用情况做出系统分析，具体如下：

一、重点任务

（一）统一思想认识，围绕“数字中国石油”总体目标，做好数字化转型顶层设计和试点示范建设

1. 强化顶层设计，全面融入企业发展战略

数字化转型、智能化发展必须坚持以集团公司创新战略为引领，各单位进一步抓好数字化转型顶层设计工作，结合企业发展愿景，客观分析本单位转型发展的基础和挑战，在“数字中国石油”总体框架内制定本单位转型发展的总体目标、统筹规划转型方向和重点任务，推动业务流程、组织结构、数据和技术的互动创新与持续优化，驱动业务、运营和商业模式创新。

2. 协同推进治理体系建设，加快业务流程优化

数字化转型、智能化发展与治理体系和治理能力现代化是紧密联系、互为依托的两项战略任务，要加强统筹和协调，共同推进。要在治理体系建设的大框架下，加快推进战略性管理体系、组织体系、运行体系和制度体系的优化和变革，并与先进数字技术深度融合。坚持“业务就是数据，数据就是业务”的理念，管业务必须管数据、管流程，加快业务流程的梳理优化和变革，推动建立适应业务转型发展和商业模式创新的流程化组织。

3. 有序推进数据管理和数据资产化，激活数据要素潜力

健全数据管理组织，明确数据管理机制，完善数据管理制度，推进数据管理考核。按照“数据治理是责任有收益、数据应用是要求有成本”的要求，以业务主体负责、技术提供支撑、在数据产生源头治理的工作模式，推动数据架构、数据标准、数据质量、数据责权等全面落地见效，持续提升数据管理水平。分析数据资产化的法律制度，探索数据资产建设和管理模式，研究数据成本、收益计算方法，逐步形成数据资产建设、管理、运行、应用、服务体系，全面激活数据要素潜能。

4. 立足核心业务场景，开展试点示范建设

坚持试点先行、由点及面的实施策略，稳妥有序推进数字化转型试点示范建设。业务场景是数字化转型的核心和重要抓手，试点单位要深入分析本单位业务模式特点，筛选确定典型业务应用场景，开展端到端业务场景分析，分析过程既要针对现有痛点问题做技术解决方案，又要对现有业务流程和管理模式上存在的问题做优化和变革。试点实施方案要坚持突出价值引领、业务驱动、场景建设、效率提升、协同共享、管理变革，通过试点实施，探索形成可复制可推广的集团公司数字化转型、智能化发展 1.0 样板。

（二）以价值为导向，研究基于用户、数据、创新驱动的场景化应用，通过数字化转型推动业务高质量发展

1. 打造“智能油气田”，推进“油公司”组织运营模式转型

围绕现场作业智能操控、生产运行智能管控、勘探开发智能协同研究和经营管理智能决策分析四大转型方向，以感知、互联、数据融合为基础，加快生产现场井、站、厂、设备等生产全过程智能联动与自动优化；推进项目、投资、物资、设备、销售等一体化智能管控，实现生产数据实时分析、生产运行智能调控、安全环保智能受控，生产经营全过程智能预测和精准优化；压减管理层级，推进组织模式向网络化、扁平化转变。

2. 建设“智慧天然气销售”，开展“互联网＋天然气销售”模式创新

围绕一体化供应链与经营管控、数字化销售、智慧加注站、智能化场站和管线四大转型方向，面向天然气批发、城市燃气、LNG、LPG、新能源和非气等业务，打通端到端业务流程。实现线下线上融合销售模式，加强全渠道智能客服建设，建立高效响应机制，实现供应链优化、提升客户体验，进一步扩展终端市场份额；加强管道和场站现场智能化建设，通过调控中心、客服中心等专业化机构强化区域化运营，促进扁平化管理。

3. 建设“智能海外勘探开发”，推进海外业务高质量发展

围绕勘探开发一体化、生产运行一体化、生产经营决策一体化三大转型方向，结合海外勘探开发业务特点和资源国情况，因地制宜推进海外业务智能化。加强“跨部门＋多专业＋跨国界”的专家知识成果共享和协同研究决策；提高油气田作业现场自控水平、数字化采集水平和联合公司生产管理水平；优化生产运行组织和流程，实现项目的增值创效和国内外协调统筹。

4. 打造“智能技服”，支撑国际一流油田技术服务公司建设

围绕智能化作业现场、智能生产运行管理、智能经营管理决策、智能技术装备研发四大转型方向，建设工程作业智能支持中心（EISC），打造智能作业现场，提供区域后方集中支持和前端即时响应，建立智能井筒，实现作业现场智能预警、作业参数智能优化、作业方案智能推送，实时监控和分析作业状态；支持物探、钻井、井下、测井、录井等全领域线上综合研究，研发智能化新一代装备；推进技服项目全过程管理，实现动态成本管控，构建智能化管理决策应用。

5. 建设“智能炼化”，支撑炼化业务由“燃料型”向“材料型”转型

围绕打造提质增效为核心的智能价值链、精益高效为核心的智能产品链、可靠运行为核心的智能资产链、协同共享为核心的智能创新链四大转型方向，重点提升炼化企业的感知能力、分析优化能力、预测能力、协同能力，构建以高效供应链、精益化运营、安全化工控、互联化运维为特色的智能炼化新模式。打造“智慧研究院”，推进一体化协同研究和远程技术服务模式，支持面向客户的化工新材料产销研协同，推动化工品产销向“以市场为中心、以客户为中心”转型。

6. 建设“智慧销售”，打造“人·车·生活”生态圈

围绕数字化营销、智慧加油站、智慧供应链、“人·车·生活”生态圈四大转型方向，建立全域会员忠诚度管理体系，精准客户画像、增强客户洞察，实现全渠道融合的精准和自动化营销；优化加油站商圈网络，创建智慧加油、机器人自动加油、数字化非油等服务，推广数字化敏捷经营模式；实现智能调运、智能仓储，建立端到端的数字化供应链体系；建立行业异业联盟服务标准，从加油服务向综合能源服务、用车服务、生活服务生态延伸，加快平台化生态化发展。

7. 打造“智慧国际贸易”，支撑世界一流全球能源贸易商建设

围绕全球一体化贸易管理、智慧辅助交易、智能风险控制三大转型

方向，打造一流的风控管理体系、人工智能辅助交易平台、大数据和智能炼贸协同平台；开展辅助交易策略、实时盈亏管理等功能研发，逐步向人工智能自学习的智慧交易平台演进；实时预警各类市场风险和客户风险，实现风险管控全领域覆盖和全流程自动化。

8. 打造“智能工程建设”，支撑世界一流油气工程综合服务商建设

围绕数字化集成设计、数字化施工、数字化交付和一体化管控四大转型方向，打通工程、采购、建设等各环节业务流和数据流，提升工程建设全业务链、工程服务全价值链数字化能力。推广多专业三维设计，加强设计软件间协同和数据共享，推动数字化智能化集成设计；推进工厂化预制、模块化施工、机械化作业，实现指令化生产、可视化管理；建立数字化交付标准规范，实现涵盖设计、采购和施工各阶段的数字化交付和数字化运营平台建设。

9. 打造“智能装备制造”，支撑国内领先国际一流动力装备服务企业建设

围绕数字研发、精益生产、智能服务和数字化决策支持四大转型方向，结合第三代智能钻机、智能压裂设备、新能源装备等的研发制造，应用数字孪生、虚拟制造等技术，构建数字化的新产品研发设计体系；通过生产全过程全要素管控，实现各生产单元高效协同，提升自动化生产和柔性制造能力；完成数字化客户服务系统建设，建立贯穿售前、售中、售后的协同管理体系，提升产品全生命周期管理水平。

10. 打造“智慧金融”，支撑国内一流综合性特色金融企业建设

围绕全渠道客户服务、智能风控管理、数字化产融协作三大转型方向，实现移动 APP 和智能网点的无缝融合，推进网上银行升级、拓展移动金融，基于社交媒体与移动互联技术重塑线上数字化渠道；建设智能风控体系，提供贯穿全流程风险管控能力，简化数据采集流程，提高审批效率，为各业务办理提供风控保障；借助开放能力与商业生态圈的伙

伴建立联系，将自身金融服务渗透到客户场景中，为客户提供全方位金融服务模式，打造产融协作的金融业务体系。

（三）通过数字化推动决策支持、经营管理、协同办公、协同研发和共享服务水平提升，推进公司治理体系和治理能力现代化变革

1. 数据驱动、知识引导，打造智能化决策分析新模式

推动数据融会贯通和充分共享，实现数据要素自由流动，对宏观环境、战略执行、业务运营、经营管理、风险防控等进行动态监控预警和预测分析。打造具备智能特征的决策支持平台，实现特定业务场景自动测算和智能分析，通过“数据＋模型”驱动各级管理者由直觉、经验驱动的决策模式向数据分析、知识利用驱动的决策模式转变，提升决策能力和决策水平。

2. 统筹优化集团公司油气产业链，实现整体效益最大化

坚持以效益为中心、市场为导向，发挥集团公司综合一体化优势，将实体产业链抽象为基于数据、模型的数字化产业链，支持资源高效配置，提升油气产业链价值。洞察市场供需，深入应用预测模型和技术，提高市场研判能力。以产业链整体效益最大化为目标，统筹安排产、运、销、储、贸等各环节，进行一体化优化和分环节精细化优化。建设智能运营中心，推动生产运营统一调度、优化运行、过程监控，构建预警模型，实现基于突发事件的情景模拟和智能调度，提升应急处置能力。加快数据信息上传下达速度，加强专业技术协同及市场客户信息共享，促进形成纵向管控和横向协同融合的矩阵模式，适应快速变化的柔性组织架构。

3. 夯实业财融合，推进财务管理向业务支持及战略分析的转型

推进财务管理从核算及监督职能向业务支持及战略职能转变，深入

对接业务前端，为企业生产、销售、研发等环节提供财务预算、监控、分析、绩效评价等高价值服务。构建一体化经营管理平台，推进业财深度融合，实现“三流合一”，提升“事前算赢”的精细化预算管理能力，加强财务预算与生产经营计划紧密衔接，切实发挥预算对生产经营导向作用。推进供应链一体化管理、境内外资金一体化管理及投资项目全生命周期管理。

4.实现协同研发，提升科研效率和成果水平

聚焦科研资源共享与协同研发、知识体系建设与技术应用创新，形成富有活力、开放共享的创新生态，健全有利于激发科技创新活力的体制机制。建设集团公司协同科技研发平台，集成共享专业软件、仪器设备、数据资源等要素，支撑集团公司各类科技项目管理、科研资源共享、成果管理及跨单位跨专业协同研发。构建能源与化工行业知识体系，提供数字化智能化技术手段，提高研发和技术推广应用效率，促进研发成果产品化、市场应用一体化。

5.利用数字化技术和平台为员工赋能，提高工作效率

建设集团公司统一的协同办公平台，使员工摆脱时间和空间束缚，构建移动化、智能化的办公空间。打造高效能组织，简化办公流程，整合内部各类系统，实现流程审批、即时沟通、文件传递等高效运行。打造智能助手，实现智能语音互动、智能推送、智能业务分析等自助式办公应用。培养员工掌握更多的数字化技术，通过新技术、新软件、新工具的应用，为员工赋能，提高工作效率，提升成果水平，降低安全风险。

6.全面建成全球共享服务体系，提升共享服务能力

围绕建设世界一流智能型全球共享服务体系目标，构建以“智能、连接、洞察”为核心的集团公司共享服务生态。夯实共享发展基础，拓展共享广度深度，推动财务、人力资源与业务深度融合，扩展共享服务范围到物资采购、信息、法律、审计等领域，专项业务扩展向纵深迈进。

升级共享服务平台，支撑落实共享服务中心、专家中心、创新中心发展定位，通过流程优化和新技术应用推进管理创新，基于共享业务运营提供增值服务。

（四）按照“一个整体、两个层次”总体要求，打造一流的能源和化工领域工业互联网体系，为数字化转型技术赋能

1. 完善工业互联网体系，提升新基建能力

以国家工业互联网技术架构为指引，以平台化、敏捷化、智能化为特征，打造中国石油工业互联网新体系。围绕逻辑“一张网、一朵云、一个湖、一个平台、统一基础应用”，形成集团公司统一的“网络＋数据中心＋云资源”云网融合资源服务；按照“厚平台、薄应用”的技术架构，构建数据、业务和通用技术的微服务池，形成基于中台的共享服务体系；打造“通用应用＋专业应用”敏捷化软件即服务应用体系，全面构建新型基础设施。

2. 打造云网融合统一资源服务和运营管理平台

实行“整体一张网络、多级逻辑隔离”架构管理，实现网络资源弹性、自动调度。推进国内外数据中心扩展建设，完善数据中心架构，加强与云计算平台的融合，有效支撑资源服务共享。提升云计算平台服务能力，构建多云管理平台，实现各种异构资源的多云统一管理。打造新型基础设施统一运营管理平台，对云网融合资源、边缘计算平台、数据湖、共享服务中台等资源进行计量化、流程化、标准化的管理，形成一体化服务体系，实现新型基础设施资源统一监控和调度。

3. 构建云边端协同的边缘计算平台

建设先进的边缘计算平台架构，统一管理边缘资源，基于高性能计算芯片、实时操作系统、边缘分析算法等技术支撑，在网络边缘侧进行数据预处理、存储以及智能分析应用，并与云端分析形成协同，构建云

边深度融合环境。强化各业务领域智能物联网建设，全面提升油气生产全过程设备和资产联网、终端数据采集和边缘计算能力，实现泛在感知，支撑边缘应用，解决工业大数据采集和传输问题，实现生产远程监控，支持现场智能化。

4.加速构建数据治理与数据共享应用体系

建设统一数据湖等技术平台，汇聚全域数据，构建数据源、数据底座、数据应用三层数据技术体系，形成“多源输入、按需输出”技术服务模式。搭建数据治理服务平台，构建统一数据资产目录、企业级逻辑模型库、数据标准规则库、数据质量评估体系、数据共享安全体系，完善数据治理、数据安全防护和保障机制，强化统一管控、数据共享、数据应用能力。落实国家、行业数据标准，完善公司数据标准规范体系，实现数据按标准规范生产、遵循标准规范应用。各业务部门负责本领域数据治理和入湖管理，基于数据中台，为集团公司不同层级提供数据共享应用服务。

5.打造软件即服务应用体系，稳步推进两个层次云应用生态体系建设

集团公司层面构建以决策支持、经营管理、协同办公、协同研发、共享服务支持等五大通用平台为代表的通用云应用生态体系，支撑集团公司整体层面管理创新，推进跨业务领域数字化转型、智能化发展。专业云通过沉淀、封装各业务领域模型、数据、知识、组件等技术资源，构建可复用的中台服务能力，为各业务领域数字化转型持续提供完善的技术工具和知识资源。生产运营平台为各业务领域数字化转型、智能化发展场景应用提供敏捷、定制的支持服务。数字化转型试点建设与各业务领域专业云建设应充分结合、同步推进，通过满足试点应用场景对数据、技术的需求，推动专业云建设，丰富生产运营平台的应用，通过专业云的逐步完善，为试点实施提供更强大的技术支撑。

6. 构建稳态和敏态双模 IT 应用模式

双模 IT 代表了两种 IT 架构和应用模式，其中稳态 IT 一般采用传统 IT 架构和方法，开发需求固定、稳定性要求较高的复杂系统；敏态 IT 一般采用云化架构和敏捷方法，开发不确定性高、需求多变的轻量级应用。集团公司 IT 架构在向工业互联网体系演进迁移过程中，要把双模 IT 应用模式作为传统系统全面入云、解耦、重构的过渡架构，最终目标是实现全面云原生的开发、治理和应用架构。

7. 全面提升网络安全保障能力

加强网络安全管控体系建设，明确网络安全责任，按照“谁主管谁负责、谁运行谁负责、谁使用谁负责”的原则，各级单位按照责任归属负责相应网络、信息系统、工控系统安全防护。制定网络安全建设技术标准，全面落实实战化、体系化、常态化网络空间综合防御措施，大力提升网络监测、预警、分析和应急处置能力，强化工控安全与物联网安全、云生态安全、数据安全和移动应用安全等技术能力建设，为集团公司数字化转型提供风险可控的网络安全环境。

二、保障措施

（一）着力完善数字化转型体制和机制

1. 加强党的领导

认真贯彻落实习近平总书记关于网络强国、数字中国的重要指示批示精神，坚持党对数字化转型、智能化发展工作的领导。强化党组织把方向、管大局、促落实的领导作用，健全完善数字化转型重大决策和体制机制配套改革联动机制，确保各项工作部署落实到位。充分发挥党员领导干部模范带头作用，加强学习，不断掌握数字化转型新知识、新本领、新思想，增强数字化领导能力。

2. 完善组织体系

落实数字化转型“一把手”工程，组建各部门协调配合的数字化转型工作组织，统筹协调生产、研发、管理等业务线，保障资源和支持条件到位。制定数字化转型工作的责任分工、工作流程、协调和决策机制，形成各相关部门通力合作的数字化转型协同推进模式。各单位、各部门要落实主体责任，制定相应数字化转型工作推进机制，设置流程、数据等管理岗位，充分发挥自身职能作用，协调推进具体工作落地落实。

3. 完善制度建设

完善公司治理体系，建立健全数字化转型、智能化发展配套的工作制度，促进数字化转型顶层设计、方案制定、项目实施、资源投入、考核激励等方面的规范化管理。加快理顺业务模式、管理方式和工作流程，在数字化转型、智能化发展推进过程中持续完善相关的管理制度、办法、标准、规范，充分发挥在企业治理体系和治理能力现代化建设中的积极作用。

（二）持续完善资源保障及考核激励机制

1. 有效加大资源支持力度

总部相关部门要理顺数字化转型投资和预算列支渠道，用好国家相关法规政策，落实企业自筹资金的主体责任，结合业务特点确定数字化转型投入占主营业务收入比例，保障数字化转型资金投入需求。各单位要将数字化转型、智能化发展工作与主营业务工作同步部署安排，列入本单位总体规划和年度计划统一安排、同步实施。

2. 发挥业绩考核引领作用

建立可量化的考核指标体系，加强对数字化转型工作的检查督导、量化考核，及时对成效显著、贡献突出的先进集体和个人进行奖励。研究制定智能油气田、智能炼化、智慧销售、智慧天然气销售、智能海外勘探开发、智能技服、智慧国际贸易、智能工程建设、智能装备制造、智慧金融等各业务领域数字化转型评价指标，纳入各单位主要领导考核评价体系。

（三）持续推进数字化转型文化及人才队伍建设

1.营造数字化转型文化氛围

教育引导广大员工将思想认识统一到党和国家部署、集团公司数字化转型要求和业务发展需要上来，加强数字化转型理念宣贯，提高对数字化转型重要意义的认识。将数字化转型工作与企业文化建设有机结合，大力开展数字化管理交流培训和技能比赛等活动，把数字化转型融入企业文化基因，落实在企业活动全过程。加大数字化转型先进选树力度，发挥示范引领作用，树立数字化转型新风气。

2.发挥昆仑数智科技有限责任公司先锋作用

昆仑数智科技有限责任公司按照专业化发展和市场化运作方向，顺应产业互联网发展趋势，构建集设计、研发、交付、运营于一体的完整价值链，提升数字产业化和产业数字化服务能力。在集团公司数字化转型、智能化发展总体规划、各业务领域数字化转型、新技术应用创新研发、新型基础设施建设、数据技术服务体系建设、云应用生态体系建设、网络安全保障体系建设等重点工作中发挥主力军作用。

3.打造数字化转型人才队伍

建好“高精尖缺”人才队伍，引进、选拔数字化和智能化急需复合型人才，形成数字化转型核心团队，提供强大数字化转型支撑力量。开展“数字化员工”建设，提升员工数字化能力，通过各种方式培训和激励措施，持续提升员工利用数字技术促进业务发展能力。对标世界一流公司找差距、补短板、强弱项，加强国内外合作交流，联合开展人才培养，全面构建支撑数字化转型、智能化发展的新型能力。

第七章　技术进步对协同与创新的影响

自古以来，技术进步始终是推动时代发展的中坚力量，随着互联网时代的开启，计算机信息技术的发展脚步正在不断加快，一系列新兴技术正在为中国经济与社会的发展起着关键性作用。特别是随着数字经济时代的到来，网络信息技术正在迈向数字化和智能化，这对于企业而言势必会在生产运行模式方面发生质的改变，能源企业显然也不例外，协同创新发展也会随着技术进一步上升至新的高度。本章笔者就立足新兴技术，将其对能源企业协同与创新发展的影响，以及具体实践路径进行深入论述，并且结合未来新兴技术发展的大趋势，明确对能源企业协同创新发展所产生的影响进行深入剖析，并通过川西北气矿真实的案例，将上述观点予以论证。

第一节　新兴技术对协同与创新的影响

就当今时代背景下的企业发展而言，全面实现高质量的“协同”与“创新”已经是老生常谈，特别是在数字化转型背景下，对于企业而言实现协同创新发展目标自然要面对更高的要求。其间，技术的先进性固然发挥着关键作用。能源企业在数字化转型背景之下，实现协同创新发展也是如此，技术进步固然可以为之提供强大的承载力。针对于此，本节笔者就立足当今时代已经开发出的新兴技术，就其对能源企业协同与创新的影响进行具体分析，从中反映出川西北气矿实现协同创新发展的必要条件。

一、人工智能技术对协同与创新的影响

在能源企业协同创新发展道路中，人工智能技术的应用对于企业管理协同创新提供了关键性技术支撑条件。结合当前能源企业生产运行全过程的人工智能技术应用成果，可以看出帮助企业有效改变生产阶段和运行过程完全依赖人工的局面，让企业生产运行系统开始走向智能化。因此，人工智能技术也成为能源企业智能管理系统的核心技术之一。具体表现就是通过机器学习和深度学习等技术，智能能源管理系统能够对能源数据进行智能分析和预测，提供精准地能源管理建议和决策支持。

所谓的“人工智能技术”，其实质就是以机器代替人工进行产品生产和服务的技术手段，不仅可以减轻生产过程中的工作压力，还可以确保生产过程中的出错率得到有效控制，这样企业既可以接受人工成本，还可以节省时间成本，同时也在最大限度保障了生产运行的效率。众所周知，在传统以劳动力为主体的能源企业生产运行全过程中，资源浪费和生产运行成本较高的问题无法避免，而人工智能技术的应用可以有效替代人工进行生产运行环节的实际操作，通过数据分析和机器学习让人工智能技术具备基本的劳动能力，只要算法正确并合理设定工作负荷，那么能源企业生产和运行过程就会按预定的轨迹持续运转，这样能源企业的资源配置必然会达到最优化，成本与风险也会降到最低，各个环节也会有条不紊地运行下去，而这正是企业协同与创新发展所必须具备的理想基础条件

在这里，需要强调的是人工智能技术在能源企业中的有效应用，可

以确保能源企业生产运行的安全性和稳定性达到最佳状态。其原因在于人工智能系统强调以智能技术为主体，以人工操控为辅助，如果按照预先程序设定一旦出现问题，人工智能设备就会发出预警信息，操控人员可及时根据预警信息做出相关调整，运行过程中的其他环节也会随之做出应急预案，以防能源生产运行全过程长时间存在不安全和不稳定的因素。这样的生产运行过程显然能够具备协同与创新的基本特征，同时能源企业生产运行的效率也可以得到有力保证。但不可否认的是，人工智能技术在能源企业协同创新发展中依然还有诸多困难需要克服，如数据的高质量等，而这些困难显然也为能源企业协同创新发展指明了具体方向。

二、大数据分析技术对协同与创新的影响

随着能源系统产生的数据量的增加，大数据分析技术将成为智能能源管理系统的重要支撑。通过对能源数据的智能分析和挖掘，智能能源管理系统能够发现能源的潜在问题和优化空间，提供精准地能源管理建议和决策支持。具体而言，所谓的“大数据分析技术”，其实质就是在进行规模巨大的数据分析时所采用的方法。为有效进行数据挖掘，以及从中找出发展空间提供重要的技术支撑条件。针对能源企业而言，当前所采用的大数据技术只是体现在数据的捕捉、预处理、存储、应用四个方面，大数据分析的作用与价值还有广阔提升空间值得挖掘，而这必然也会对能源企业全面提升协同创新高度带来重要影响。

其中，企业可以对能源消费量做出有效分析。具体而言，能源企业在生产运行过程中，可以通过大数据分析技术将不同地区和不同场景的能源消耗情况进行全面收集，从中掌握能源在当地的消费情况，并且通过能源消费走势将未来该地区能源消费趋势进行科学推理和判断，这样不仅可以让企业对当地的能源进行有效管理，更能促使企业生产与运行

的细节能够根据能源消费需求做出相应调整与改变，从而保障能源企业生产运行的流程始终保持协同状态。而且大数据分析技术还可以帮助能源企业管理人员有效分析能源生产情况，以及能源生产过程中各流程细节所出现的异常情况。并将情况产生的原因做出具体分析这样不仅可以保障能源企业在能源生产过程中设备和流程的顺利运行，更能提高能源生产运行过程中的安全性和稳定性，成本与风险也随之可以得到有效控制。

还有一点需要加以高度重视，即：大数据分析技术是以供应链为导向的海量数据分析技术，能源企业在协同创新发展道路中加以有效应用必然会为能源供应链的分析提供技术支撑。在该技术应用的过程中，数据采集、处理、分析的过程可以为企业管理层全面对比各区域能源供应和消耗的基本情况，从而为企业有效调整能源生产和能源生产过程运行流程提供重要依据，这样不仅可以满足能源市场的具体需求，同时还能帮助企业管理人员根据供应链发展状况找到薄弱环节，以此来有效降低企业生产运行中的风险。

三、区块链技术对协同与创新的影响

所谓的“区块链技术”，其实质就是一个又一个区块组成的链条，而每个区块中又保存了一定的信息，它们按照各自产生的时间顺序连接成链条，该链条不仅有具体的算法作为支撑，同时还有超出人们想象的存储空间和加密技术，可以为使用者提供真实而又可靠的信息。因此，在能源企业协同创新发展道路中，区块链技术的应用可以实现能源市场的去中心化，并且智能能源管理系统能够实现能源的智能化交易和优化调度，提高能源市场的效率和公平性。

具体而言，该技术在能源企业中的应用第一个重要影响就是可以帮助企业实现能源生产运行过程的智能化。在能源企业生产运行过程中，企业可以通过区块链技术与各承包商之间建立智能合约，企业不需要通过中介机构就可以与承包商即时结算，这样不仅可以提升企业生产运行效率，同时还能确保生产项目落实过程中的可信度。该技术的应用对能源企业协同创新发展的第二个影响就是可以对能源进行溯源和监管。能源企业生产与运行始终要以市场为中心，因为只有准确判断出市场需求量才能有效制定出能源生产运行的基本方略，区块链技术的应用则会将各地区能源的来源和流转路径加以有效记录，让能源企业能够时刻掌握行业相关数据，这样能源企业可以根据能源市场的具体要求调整生产运行战略，在生产运行的细节上做出有效调整，这样可以确保能源产品生产的质量高度满足市场需求，全面提升企业的市场竞争力，并且还会在无形中对企业管理的协同创新发展提供重要推动作用。区块链技术的应用对能源企业协同创新发展的第三个重要影响就是可以将能源数据的价值进行充分挖掘，而这也是能源企业始终屹立于能源行业的根本所在。众所周知，当今时代不仅是信息时代，更是大数据时代，企业掌握海量数据就意味着已经具备行业优势资源，但是只具备无法进行数据处理则意味着数据价值不能真正发挥其作用，对企业生产运行和战略发展不能提供决策支撑。区块链技术的应用显然可以帮助企业避免这一现象出现，其数据存储与共享功能可以让企业了解行业发展实情，同时还能为企业提供必要的数据分析结果，为能源企业有效进行资源配置，调整生产运行大方向提供了重要依据。

第二节　技术驱动的协同创新实践

在企业发展道路中，技术驱动下的协同创新主要可以通过两种方式来实现，其中一种处于被动状态，另一种则是处于主动状态。这两种状态之下的协同创新实践路径自然有所不同，本节内容笔者就以此为立足点，将技术驱动的两种协同创新方式实践路径加以论述，具体如下：

一、协同自发方式

从字面理解，“自发”的内涵为自己主动发起，所以在协同创新过程中，协同自发方式具有主动性，是指在时代发展大环境这一条件变量之下，企业通过人才引进和培养，以及在数字技术研发方面的投入，建立起与企业发展战略目标相一致的协同创新思想，让人才成为技术驱动的中坚力量，用技术驱动企业协同创新发展，故而这种企业协同创新实践的类型属于技术驱动型。在协同创新实践活动中，技术人才引进和企业内部专业人才培训作为基础中的基础，强调与高校、科研单位、技术创新型企业之间建立密切的合作关系，让技术型人才能够进入企业内部。并且以技术人才为中心，在企业内部全面开展技术应用型人才培训工作，确保生产运行岗位工作人员不仅具备专业知识和专业技能，更能具备新技术应用能力。与此同时，技术人才也能深入企业生产运行第一线，不断深入了解企业生产运行全流程的各个细节，从而确保新技术在企业生产与运行中能够得到不断优化和改进，具体实践路径如图 7-1 所示：

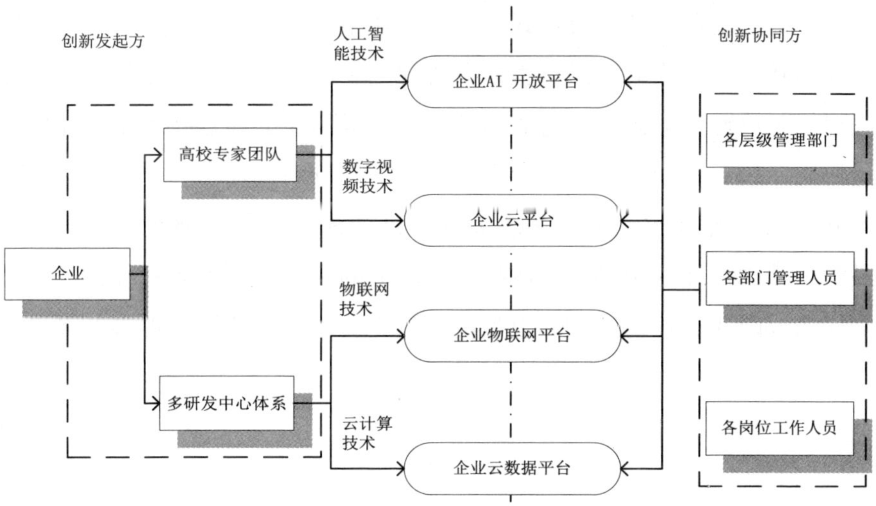

图 7-1　协同自发方式实践模型

在图 7-1 中，企业还与同行业内部其他企业和技术研发部门建立合作伙伴关系，不断就企业生产运行的技术创新成果展开深入交流，并且企业间的技术科研部门，以及与企业合作的科研单位之间能够联合开展新技术研究，确保企业生产运行协同创新的技术始终处于领先水平。在这里，企业强调在人力、物力、财力方面的大力投入，力求以技术创新带动企业生产运行效率的不断提升，最终建立各层级组织、各部门、各工作岗位相协同的企业生产运行模式，确保企业生产运行效率得到全面提升的同时，生产运行成本与风险能够实现科学控制，以此来保障企业的社会效益与经济利益的最大化。

二、协同响应方式

在上文中，已经明确环境因素是协同自发方式的核心变量，也就是说企业协同创新实践活动是在时代发展大环境下主动进行。然而还有一种被动的企业协同创新实践活动开展方式同样重要，即协同响应方式。该协同创新实践方式是以企业组织为主体，根据行业内部所提出的发展要求，针对企业生产运行模式做出相关调整，实现企业生产运行过程的协同创新。该方式的实践过程强调协同创新的主体为企业组织，通过加强组织开放性的形式，让企业内部之间各部门能够通过技术手段保持相互协同，最终开创出生产运行全过程的协同创新局面。在此期间，企业本身注重对现有政策和未来政策倾向进行深入解读与研判，并且强调对数字基础设施的引进，形成技术驱动下的企业协同创新局面，以此来响应当今时代企业协同创新发展的具体新要求，具体实践路径如图 7-2 所示：

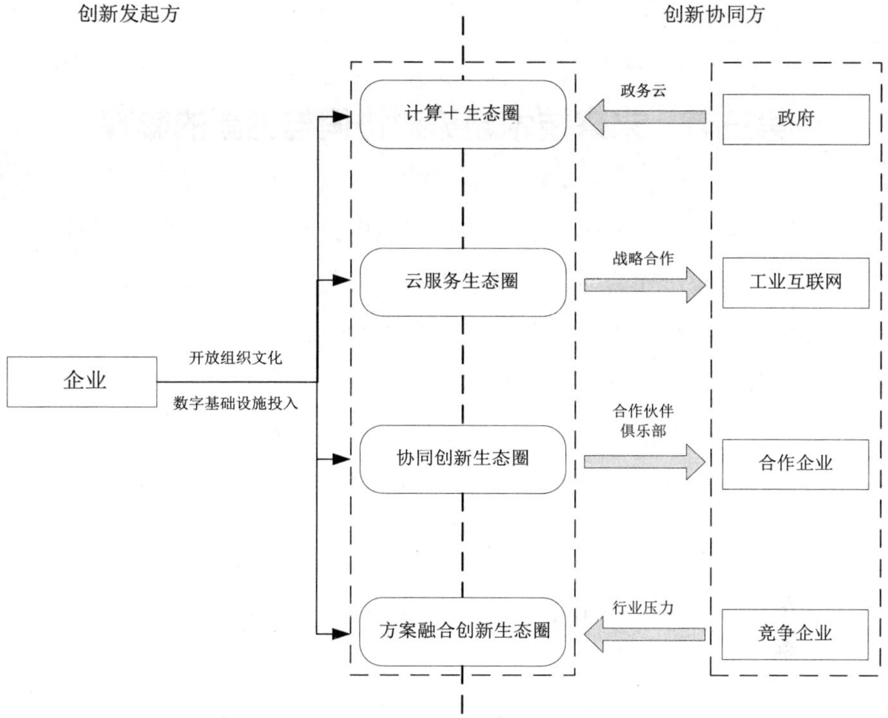

图 7-2　协同响应方式实践模型

在图 7-2 中，不难发现企业的协同创新发展的动力是来自行业压力，在行业压力的作用之下，被动地将组织文化开放，并且加大数字基础设施的投入力度，以求企业在行业内部能够保持协同创新，同时企业内部生产运行全流程实现高度协同。这样就相继生成了"计算+生态圈""云服务生态圈""协同创新生态圈""方案融合创新生态圈"。在这一过程中，虽然企业处于被动状态，但是在数字技术基础设施建设方面的投入力度能够得到保证，对企业协同创新发展提供了强有力的技术支撑和驱动条件，所以该协同创新方式在企业协同创新发展中也具有一定的应用价值。

第三节　未来技术趋势对协同与创新的影响

放眼未来，能源企业数字化转型道路中，数字技术将始终发挥决定性作用，为能源产业高质量发展和中国经济与社会的又好又快发展提供强大的技术驱动力。其间，以AI技术为主体的人工智能领域，以及科技平台和云技术必将有更进一步的突破，这必然会对能源企业全面提升协同创新高度提供更为有力的技术支撑条件，能源企业生产运行的效率，以及生产运行的成本与风险科学控制固然会得到前所未有的技术保证，以下笔者就通过四个方面将这一观点加以论述。

一、以AI技术为主体的人工智能规模化发展之势不可避免

就当前人工智能领域在能源企业中的总体应用情况来看，AI技术已经开始为能源企业生产运行提供帮助，在一定程度上让企业人力资源配置得到有效优化，同时也让企业生产运行过程中的出错率得到有效降低，为企业提升生产运行效率和风险的有效控制发挥出促进作用。随着信息技术发展速度的日益加快，未来以AI技术为主体的人工智能技术在企业协同创新发展中，必然会发挥出更大的作用，规模化的应用必将成为能源企业协同创新发展的主要趋势。

具体而言，在不远的将来，人工智能技术在能源企业的发展道路中，必然能够帮助企业主动将市场需求和企业需求做出系统分析，并且还能够帮助企业对竞争对手进行有效研判，让计算机视觉、自然语言处理、增强实现、虚拟现实技术的优势充分发挥出来，为企业的生产运行达到最佳状态最大限度发挥其作用，力保能源企业在制定战略目标和实施方案的过程中，能够将企业的未来发展做出客观模拟，尽显其战略目标和

实施方案的可行性。

以上观点可以充分揭露未来必然会出现的一个事实，即：能源企业在今后的发展道路中，生产运行阶段的人工操作必然会大幅度减少，以AI技术为主体的人工智能模块势必会嵌入企业生产运行程序之中，无论是能源制备，还是能源净化、存储、转配等环节，都会有人工智能技术伴随其中，并且每个流程所产生的数据都会通过信息技术传递至管理平台。数据中心更是可以通过人工智能模块对数据进行系统性分析，并且根据市场需要将生产运行流程进行及时而又合理地改进，而这无疑是人工智能在能源企业生产运行中规模化运用的直观体现，川西北地区能源企业的协同创新发展更是如此。

二、以数字化协同为载体的数字创新工厂必然成为企业协同创新发展的中坚力量

能源产业作为当今中国支柱型产业之一，产业发展的可持续性和高质量性决定着中国经济与社会的未来发展。能源企业作为能源产业的核心力量，生产运行阶段的高质量发展更是确保能源产业发展可持续性全面增强的关键。因此，在未来发展的道路中，以技术为驱动力的协同创新必将有进一步突破，数字化协同也会成为能源企业生产运行的重要载体，“数字创新工厂”则是能源企业未来协同创新的必由之路。

所谓的“数字创新工厂”，其实质就是为了打破数字经济发展道路中前端与后端的不平衡现象，通过高尖端数字技术人才，将企业技术、数据、人才、商业价值进行深入挖掘，同时将其紧密联系起来，让企业生产运行模式发生根本性的改变，而这显然也是数字技术在未来企业可持续和高质量发展道路中的一种实践。由于能源产业作为现今中国支柱型产业，所以各企业在创新方面的支出正在快速增加，力求最大限度降低劳动力和资本密集程度，因此以数字技术人才为核心的数字创新工厂就成为广大能源企业未来生产运行模式的基本选择。

在此期间，最为明显的表现就是能源企业日常生产运行过程会以使用代码这一方式做出具体部署，生产运行程序会体现出“云原生”的显著特点，企业内部从事外部源代码开发的人员也会逐渐增多。这样的生产运行过程势必会让企业之间、企业内部的部门之间、企业员工之间的界限变得更加模糊，职能也会呈现出相互交叉的特点，故而企业之间的全面协同、合作、创新、共享将会达到新高度，企业生产运行全过程的质量和速度自是不言而喻，发展的可持续性也必然可以得到充分保证。

三、科技平台的建设力度必然会不断加大

结合当前能源企业协同创新发展所取得的一系列重大成果，可以看出能源企业在面对数字时代发展新浪潮，全面加快企业数字化转型的道路中，始终将科技创新成果的研发与应用作为核心要素，强调平台监督、平台管理、平台预警、平台调度的中坚作用，确保能源企业日常生产运行全过程，不仅保证其质量和速度，更能实现成本与风险的有效控制，让生产运行的协同化和创新性得到充分展示。面对未来，能源企业在协同创新发展道路的探索过程中，依然会继续加大科技平台的建设力度，让企业社会效益和经济利益能够实现最大化。

从当前能源企业现有的公共云超级平台来看，在未来能源企业必将会将其进行全面整合，确保企业生产运行全过程中能够实现云技术的全面应用，这不仅会提高生产运行过程中云技术的应用率，更能让企业之间、企业的部门之间、各工作岗位之间紧密联系在一起，一旦某个工作节点出现异常情况，企业和管理部门会及时做出调整，同时也会做出相应的战略部署，这样让企业生产运行的各要素能够成为“一盘棋”，从而形成“牵一发而动全身”的发展局面，这样固然能够让能源企业呈现出与当前不同的协同创新发展新形态。

针对川西北气矿而言，未来的协同创新发展显然还有很长的路要走，

根据上文的观点论述，可以断定该地区能源企业在探索协同创新的发展道路中，要将一小部分云超级平台进行整合，让其平台优势能够通过科学的手段有效集中起来，这样不仅可以提高云超级平台的利用率，同时还能让云服务更好地将企业生产运行过程的效率全面提升，进而达到企业生产运行全过程对于质量、成本、风险进行有效控制的目的，为打造数字创新工厂提供关键的数据来源。

四、“云链接”将成为决胜企业数字化协同创新发展的关键要素

为了确保能源企业在激烈的市场竞争中保持强大的优势，当前能源企业已经全面开启数字化转型之路，其中云技术的应用可以为能源企业顺利完成数字化转型贡献出重要力量，让能源企业有效地去库存和去落后产能成为现实。在此过程中，数字服务的作用显然不容忽视，是能源企业实现内部统一部署的关键力量，特别是随着混合 / 多云管理技术的全面开发和有效应用，让能源企业协同创新以崭新的姿态呈现在能源行业面前。面对信息技术未来发展，云技术的升级换代必然会上升到新高度，“云链接”则会成为能源企业数字化协同创新发展的又一关键要素。

早在 2015 年，国务院发布《国务院关于积极推进“互联网”+ 行动的指导意见》，标志着中国经济已经开启数字经济时代，中国信息技术的发展也以该时代发展为背景，不断提升信息技术创新水平。随着时间的推移，中国信息技术已经成为承载数字经济发展的核心力量，对中国产业结构调整与发展起着至关重要的推动作用。能源产业不仅作为支柱型产业，同时也是新兴产业之一，数字技术的崛起与发展固然会对能源产业当时和未来带来巨大影响，未来能源企业势必会从中获得更多的收益。

在该时代背景之下，川西北气矿全面提高生产运行效率，有效控制生产运行成本与风险是全面增强企业核心竞争力，确保又好又快发展和

可持续发展的根本，云技术的进一步深化和应用自然成为未来企业生产运行的一项重要任务。其间，不仅要做到数字全覆盖，更要做到云筒仓的全面整合与管理，让 Sass 管理和治理工作成为川西北气矿生产运行的核心，让企业生产运行过程中的各个细节能够通过“云链接”技术实现统一协调和配置，最终达到进一步提高企业数字化协同创新水平的目的。

第四节　技术驱动的协同与创新案例分析

一、年度重点工作

2022 年川西北气矿以分公司数字化转型顶层设计为指引，围绕气矿“4251”高质量发展目标，持续通过信息技术赋能促进气矿组织架构优化、管理模式变革。在双鱼石、剑阁礁滩新区块以提高生产安全管控水平为核心，积极实践新技术，推动数据集成共享及智能化应用试点，打造双鱼石无泄漏示范区、双鱼石开发生产“一张图”等，“一级调度、分片运维”管理模式取得实效，组织机构更加“扁平化”，管理效率大幅提升。在老区主要以效益开发为核心，通过低成本、一体化物联网技术持续完善数字化气田建设，生产现场实现“全面感知”，基础设施更加完善，“中心站 + 无人值守井”管理模式稳步推进。

二、信息化管理工作

（一）管理工作落实

1. 贯彻落实分公司方针政策

川西北气矿严格落地分公司顶层规划，围绕“业务发展、管理变革、技术赋能”三大主线，遵循“领导推动、信息统领、业务主导、大力协同”的原则，气矿成立工作组，主要领导牵头，相关单位、业务部门负责人担任工作组成员，集中力量，统筹数字化转型工作。编制并发布《川西北气矿“油公司”模式下数字化转型行动方案》，明确目标任务，压实工作责任。定期组织数字化转型推进会，部署跟进阶段工作，推进数字化转型。

（1）夯实基础管理，提升专业技术能力支撑。一是对信息化设备在线情况实时监控，形成“日检查、周考核”管理机制，强化外委维护闭环管理，运维保障率100%，设备在线率达99%。二是深化数据治理，编制具体方案聚焦管理难题，从数据建设、质量跟踪、数据治理多维度强化管理，完成80个站场32000多个数据的符合性、数据功能、数据传输问题核查，数据准确率达98.48%。完善交接计量数据采集，营销数据报表自动生成率由64.36%提高到86.84%。三是形成系统集成和典型画面绘制和功能要求标准做法2项、系统测试和维护标准方案1项、信息化项目建设推荐做法3项，促进管理的标准化。四是组织编制《川西北气矿致密气单井信息化建设指导意见》，为致密气高效开发提供信息化技术支撑。

（2）完成重点项目建设，助力管理数字化转型。一是推进安眼工程项目落地，部署边缘智能分析设备和视频智能分析平台，实现劳保穿戴识别、明烟明火识别、外来入侵监测、接打手机检测、吸烟检测5种场景的智能分析预警，推进两个现场安全管控水平大幅提升。二是支撑“集中调控”应用场景，初步形成生产运行“一张图”，实现气矿各类数据资源集中展现，通过AR智能眼镜、视频监控远程指挥，有效推动生产过程一体化协同管控，助力“一级调度、分片运维”有效落地。

（3）开展痛点问题分析，提升技术管理能力。聚焦气矿管理突出问题，开展重点工作专项研究分析，对症治理。一是组织开展自控系统UPS管理专项整治，形成管理要求，开展气矿重点站场UPS专项排查，保障后备供电可靠性。二是针对生产信息化及自控系统运行情况，开展典型故障分析及管理提升交流研讨，有效总结常见自控设备的故障、处理方法等，带动生产单位提升自控系统管理水平。三是开展网络通信适应性分析，找出网络瓶颈和薄弱环节，提出优化方案，形成分析报告，指导网络管理能力提升。四是深度开展上位机软件漏洞检查与升级，预防软件漏洞危害正常生产，完成36套eF5.0组态软件OPC传输组件的漏洞核查和升级。五是进行工控系统网络安全检查与提升，通过安全检查、现场调研、技术测试等方式，查找问题，制定技术防护措施。

（4）加强信息化培训工作，提升信息技术融合能力。树立数字化转型理念，搭建平台扩大信息化知识和融合管理理念传播范围。一是搭建信息化知识库，范围涵盖制度、规范、题库、课件、典型案例分析等，提升气矿信息化技术管理经验可传承性。二是充分发挥自控工作室的平台作用，收集整理近3年气矿40余起故障进行经验分享，设置现场+邛崃练兵场+自控工作室的三级联动场景，组织气矿自控系统故障应急联动技术比武，提升“工艺+自控+应急”风险管控协作能力。三是邀请厂家、院校开展技术交流60余次，丰富知识、开阔眼界，为信息化与业务融合创新提供技术储备。四是与华为合作，成立联合实训基地，增强信息技术与油气田生产场景的紧密结合。

3. 制度标准与培训

持续开展分公司统一的文件、制度和标准梳理工作，一是对标对表，形成需要开展工作任务清单；二是将制度要求转换为数字管理平台流程和协同办公表单，有效推进要求的执行落地。

持续开展全员信息技术和数字化转型相关培训工作，一是通过开展外部调研、技术交流讲座、下发视频课件书籍资料、信息化工作交流宣讲等措施，学习经验，增长见识、拓宽思路，提升管理人员信息化意识，形成以业务为需求，信息化系统为载体、为工具手段来支撑的工作思维；二是年初制定信息化培训计划，将集团公司数字化智能化发展思路、公司数字化建设及转型方案、气矿数字化转型方案及下步工作重点等重要内容纳入专项培训，对全员开展培训；三是要求各级员工利用信息化手段进行数据、报表、方案的提报和巡检巡护工作，提高一线操作人员的自控、信息化系统操作能力，做到能够熟练地利用信息化系统、自控设备进行日常巡检、常规操作、流程倒换、数据查询、应急处置等。从原来的被动使用转变为主动使用，让员工意识到信息化系统、自控设备是日常工作的基本工具。

（二）组织队伍建设

1. 管理部门

川西北气矿成立以气矿主要领导为组长，信息化分管领导为副组长，各部门、各单位全员参与的数字化转型工作组，全面推进和落实气矿数字化转型行动方案。信息管理部负责气矿信息化总体管理工作。

2. 建设和运维队伍

气矿信息化建设和运维主要由信息站承担，副站长主要负责气矿自控系统、数据、安防管理和维护工作。另一名副站长分管，主要负责气矿网络通信、网络安全、应用系统管理和维护。综合组负责信息站党建、综合事务等。

三、集团统建系统及数字化转型场景建设

（一）统建系统建设情况

川西北气矿配套分公司安眼工程，开展《川西北气矿安眼工程试点建设项目》，主要完成工作量：①视频监视平台。新建区域视频监控平台 3 套。②边缘计算设备。新建智能计算小站（8TOPS）、智能计算小站（16TOPS）、智能计算服务器（T4 × 1）。③移动摄像设备。新建防爆无线移动摄像机（云台型、外供电）、大容量锂电池包。④气体检测设

备。新建固定云台式激光气体检测仪。

（二）统建系统应用

开展川西北气矿协同平台深化应用，实现办公业务智慧管理，推动全业务链闭环运转。打造双鱼石片区“一体化协同”新型能力，开展双鱼石气田无泄漏示范区、开发生产“一张图”、甲烷管控完整性管理模块、AI 视频巡检等建设，有效推动生产过程一体化协同管控，助力“一级调度、分片运维”有效落地。

（三）基础设施

1. 网络与机房

气矿共有机房数量 2 个，其中光通信及传输设备机房 1 个，数通设备及服务器机房 1 个。

气矿生产网和办公网完全隔离，无任何自建方式连接，通过分公司唯一单向网闸进行数据的传递。

2. 软件合规应用

麒麟服务器操作系统已完成迁移方案编制，气矿共 12 个服务器，其中 4 个替换难度较大（剑阁厂视频监控系统综合安防管理平台、摄像机巡检系统安防管理平台、蓝牙信标人员定位系统），8 个可替换，可替换操作系统已编制方案，待费用落实后实施。

（四）数字化转型场景建设

1. 数字化转型场景

气矿数字化转型场景主要围绕公司“三个一体化”总体设计，重点在天然气生产过程一体化协同管控方向打造转型场景，对标新气田智能探索、新型作业区数字化转型等七大转型场景。一是新气田智能探索场景，气矿在双鱼石区块进一步完善自动控制、泄漏检测等功能，探索数据集成共享及深化应用、智能分析决策等。二是新型作业区数字化转型场景，主要在双鱼石软硬件基础设施较为完善的基础上，完善气矿 DCC 感知、控制、指挥功能，缩短管理链条，推动“气矿 + 中心站”两级调控管理模式，实现“扁平化”管理。三是老气田数字化完善场景，通过自动开关井、低功耗采集系统等物联网手段完善中坝、九龙山、平落坝等老气田数字化建设，推进老气田“低成本、高质量”发展。四是智能工厂探索场景，在剑阁天然气净化厂进一步优化自动控制功能，探索辅助分析决策，推动净化厂减员增效。五是管道生产及风险管控场景，完善关键管道安全管控技防措施，搭建管理平台，促进管道完整性管理水平提升。

2. 场景落地实施情况

（1）双鱼石智能气田探索。三维数字孪生建设。以地面建设数字化管理移交成果为基础，初步建成双鱼石气田三维孪生系统，实现了三维模型数据深化应用、智能 PID 三维联动。

打造无泄漏示范区。建成了厂、站和管道全覆盖泄漏技防体系，完善光纤预警、次声波泄漏检测和激光甲烷泄漏检测等行业内先进技防手段，泄漏检测灵敏度提高到 10PPM 以内，保障区块零失效。降低区块生产损耗，应用输气管线余气增压回收、气田水闪蒸罐尾气处理技术，减少生产能耗和天然气排放约。综合应用三维数字孪生及甲烷管控平台，双鱼石生产管理效能实现“一升四降”。

打造双鱼石开发生产“一张图”。集成了开发生产管理平台、作业区数字化管理平台等系统，整合了空间数据、本体数据、操作数据、组织结构数据等四类数据，建立了虚拟气田数据体。结合作业区不同岗位要求，优化现行协作流程，建立了一套标准的工作环境，提供日常办公、重点关注信息、业务管理、工作报表及数据分析等功能，实现岗位工作事项“一张图”应收尽收。

探索数据智能分析应用。建立 19 类生产工艺场景计算预测模型，实现双鱼石片区清管周期及排液量预测、冰堵风险及气井产水异常预警、计量仪表状态分析、管网流量动态平衡监控等功能，提升生产管理效率，提前预警风险异常。

（2）新型作业区数字化转型。一是坚持以业务主导，逐步整合应用系统，初步形成生产运行“一张图”，实现气矿各类数据资源集中展现，业务集成应用。二是试点远程协作指挥，通过AR智能眼镜、视频监控初步实现调控中心对生产现场远程技术支撑和协作。三是在柳池坝清管站试点自动分输功能，调控中心可对直管站进行远程控制干预，集中调控，“扁平化管理”取得实效。

（3）老气田低成本数字化建设。持续深化老气田物联网工程建设，完善和更新迭代视频安防设备，完成15座场站低功耗一体化数据采集、25口井自动开关井建设，采用低功耗无线技术完成102座偏远交接计量点数据采集，信息化覆盖率达到94%，实现了远程监控和全面感知。

（4）智能净化厂探索。在剑阁天然气净化厂开展自动化提升建设，进一步完善关键设备的远程控制功能。建成剑阁净化厂人员一体化管控平台，利用高精度蓝牙定位技术及视觉分析技术，实现对入场人员实时定位、行为分析以及异常报警，例如劳保着装不规范、吊装违章作业、人员中毒晕倒等，进一步保障人员人身安全。大力推动AI智能巡检，利用AI视觉识别技术，对剑阁净化厂280只关键仪表实现计读数智能识别和数据比对分析，巡护效率提升50%，操作员工较定员减少18人。

（5）管道数字化完善。基于管道完整性管理平台搭建管道数字化操作模块，实现管道巡检、日常操作的标准化、工单化管理。在双鱼石区块通过甲烷管控示范工程采用次声波泄漏检测、光纤振动监测技术实现管道外腐蚀重点位置的实时监测和预警。在剑阁礁滩区块依托产能建设，通过对重要管道技术措施的完善，管道数字化管理水平明显提升。

四、网络安全

（一）重大事件

气矿 2022 年未发生重大网络安全事件。

（二）网络安全责任落实

气矿成立网络安全领导小组，由矿长杜强任组长。领导小组下设办公室，办公室设在信息管理部，办公室主任唐瑜。信息站设置专职的信息安全管理员 1 名、工控安全管理员 1 名、网络管理员 2 名，针对网络安全方面编制了《川西北气矿信息安全管理实施细则》，同时按照西南油气田公司和川西北气矿对网络安全方面的各项管理要求严格落实；等级保护方面对川西北气矿在用的 10 个应用系统均进行了相应的等保定级相关工作。

（三）重大活动保障

1. 网络安全事件

2022 年在重大活动保障期间未发生较大或一般安全事件。

2. 保障工作配合

为贯彻落实分公司的总体部署，确保党的二十大期间网络安全保障工作过程中川西北气矿信息基础设施安全稳定运行，按照分公司的网络安全保障工作总体要求，结合川西北气矿的实际情况，编制《川西北气矿 2022 年网络安全保障工作方案》并通过 OA 下发（川西北矿信息〔2022〕11 号），成立川西北气矿网络安全保障工作小组，落实值班值守人员，按时执行零报告，扎实做好网络安全保障的各项工作。

按照“谁主管谁负责，谁运行谁负责，谁使用谁负责”的原则，对组织气矿各单位对气矿所属办公网、生产网及网络中的计算机终端、服务器、网络设备以及工业控制系统的安全稳定运行进行了安全检查及防护升级：防范网络被非法接入，防止信息系统的非授权访问；防范信息系统、服务器、计算机终端遭受病毒、木马等恶意代码的侵害；实时监测信息系统、网络设备、安全设备等运行状态和告警信息，并及时采集与分析设备系统的日志信息，做好对网络安全事件的发现、跟踪和审计。

（四）网络安全通报整改情况

2022年气矿接分公司网络安全监督中心针对服务器高危漏洞及办公终端弱口令通报3次，按要求完成相应的整改工作。

（五）网络安全策略执行情况

1. 违规外联事件

2022年未发生过使用违规互联网代理或违规外联事件。

2. 桌面安全终端部署

按照分公司对终端计算机部署桌面安全管理系统的要求，川西北气矿对办公网的全部终端计算机（1590台）均部署了统一的桌面安全管理系统。

五、数据治理工作

（一）工作组织与制度

本单位有健全的数据管理相关制度，在《川西北气矿生产信息化系统管理实施细则（试行）》矿信息〔2021〕7号，有专项条款详细规范信息系统及系统数据管理、生产数据管理。信管部设置系统集成及应用岗，负责气矿数据管理，信息站、开发科、地质科、物资设备管理部、管道与销售部、地质勘探开发研究所设专项业务负责的岗位，负责业务范围内的信息系统数据管理。

（二）数据治理开展情况

深入开展数据治理，推进数据资产化，在生产数据、设备数据、管道数据质量及管理都有重大提升。

开展生产实时数据治理。2022 年年初印发《川西北气矿 2022 年生产数据治理及管理提升方案》，分析气矿数据管理存在问题，根据短板制定工作措施，聚焦管理难题，从数据建设、质量跟踪、数据治理多维度强化管理，落实数据管理制度的执行力度。

组织设备数据专项治理工作。建立设备主数据采集与管理规范，优化设备数据管理流程，完成设备基础信息（设备主数据）、特种设备安全节能技术档案历史数据治理，形成主要动设备故障数据字典和备品配件数据清单，实现检维修数据的正常化入库管理。完成文件电子化并加载入库与设备主数据实现直接映射、完成特种设备检查检验报告模板统一编制入库，并结构化提取重要的特种设备技术参数信息，以达到特种设备安全节能技术档案数字化管理的目标。

开展管道数字化数据治理。对气矿在役输气管道利用地面测绘、航拍测量、三维建模等手段，形成数字化管道的基础数据和模型并进行逆向数据恢复，实现管道及周边环境的数字化、可视化管理。

（三）数据应用情况

推进数据资产化，提升数据应用，在报表自动生成、各类系统管理、大数据应用上都有创新突破。一是深化数据应用，加强数据集成整合与智能分析平台数据接入与应用。开展交接计量大修，完善交接计量数据采集，梳理数据智能整合系统营销数据接入，助推一体化调控转型。以邛崃采气作业区大深 1 井为试点场站，开展数字化管理平台与生产数据集成整合系统深度融合应用工作，推进班组报表数据自动生成，实现了由工单录入，自动推送至生产数据集成整合系统，减少了重复录入工作。二是在双鱼石区块试点集成开发生产管理平台、作业区数字化管理平台等系统，整合空间、实体、操作、组织结构等四类数据，建立虚拟气田数据体。在双鱼石区块应用采集的生产数据，开展大数据智能分析，建立生产工艺场景计算预测模型，实现双鱼石片区清管周期及排液量预测、管输效率实时计算、冰堵风险及气井产水异常预警、计量仪表状态分析、管网流量动态平衡监控等功能，提升生产管理效率，提前预警风险异常。

六、主要工作亮点

（一）双鱼石开发生产“一张图”公司范围内首家落地

在双鱼石建立了虚拟气田数据体，打通了基层业务相关的 19 套系统；建立了虚拟气田一张图，实现了从详、人、财、物、事、表、策、警等 8 个维度数据一穿到底；打造了一套标准工作环境，实现了日常办公、信息检索、业务管理、工作报表及数据分析等功能的一体化协同，形成了“数据体 +N 个应用场景”的管理模式，全面提升基层工作效率。

（二）建立双鱼石甲烷泄漏技防体系，打造无泄漏示范区

在双鱼石建成了厂、站和管道全覆盖泄漏技防体系，完善光纤预警、次声波泄漏检测和激光甲烷泄漏检测等行业内先进技防手段，泄漏检测灵敏度提高到 10PPM 以内，保障区块零失效。降低区块生产损耗，应用输气管线余气增压回收、气田水闪蒸罐尾气处理技术，减少生产能耗和天然气排放。综合应用三维数字孪生及甲烷管控平台，双鱼石生产管理效能实现“一升四降”。

（三）探索智能净化厂建设取得实效

剑阁天然气净化厂主动开展自动化、数字化、智能化能力建设。一是通过自动化提升建设，提升工厂自动化水平，有效增加现场“全面感知”“自动化生产”“安全联锁”能力；二是通过率先建设视频巡检系统、一体化人员安全管控系统、三维数字孪生等信息化手段，升级“物

防 + 技防”安全管控能力。有效降低巡检频率 50%，操作员工较定员减少 18 人。

（四）形成小产量井低成本信息化建设关键技术

川西北气矿积极开展基于 NB-IoT、LoRa、BLE 等无线物联网技术的低功耗一体化数据采集控制系统推广应用，系统具有低成本、低功耗、一体化的特点，建设成本和周期较传统模式减少 70% 以上，有效解决了小产量井数字化建设成本高、效益低这一瓶颈问题。

（五）持续推动自控工作室建设取得新成效

形成控制系统工厂测试新模式。改变了过去控制系统由集成商主导测试或未测试就送往现场的管理模式，在气矿搭建测试环境，气矿各专业人员充分主导测试全过程。

建立两级联动新模式。持续推动川西北气矿自控工作室基础建设及工作业务向生产核心靠拢。以自控工作室实操室为中心、联动邛崃采气作业区练兵场，搭建了“中心站 + 无人值守井”模式下的信息化系统模拟环境，将自控系统与现场工艺有机结合，实现了数据互通、远程协作。以此为基础开展了自控系统故障应急“两级联动”比武，多专业协作能力明显提升。

形成了自控测试、检查的技术标准。针对自控系统集成、测试、检查、投运全流程管控，形成《自控系统安全联锁和自控功能测试工作质量标准》《FAT 测试符合性检查报告》《信息化及自控系统完工交接检查表》等一系列标准化文件，有效指导日常工作。

初步形成致密气一体化自控系统建设方案。以文 1 井试采为契机，探索低成本、模块化信息化建设方案，目前已形成集通信、自控、安防为一体的自控系统并在文 1 井成功投运，为下步致密气高效开发做好技术支撑。

七、经验分析及未来展望

（一）短板及建议

1. 物联网基础设施不够完善

原因分析：一是物联网基础建设基本完成，但仍有部分场站等功能不完善，不具备无人值守条件。二是封堵井、观察井、低压小产井数据采集不完善，间歇生产井自动开关功能缺失，增加一线操作人员的日常工作量，面临管控困难。三是安防等辅助系统因建设时期受技术限制，存在带宽不足、入侵检测精度不够、图片抓拍模糊等问题，视频覆盖率有待提升。

建议措施：一是加快低效井、长停井信息化建设，力争实现信息化覆盖率100%。二是探索低成本场站信息化改造方案，完善场站远程自动控制，提升场站无人值守率。三是优化网络架构，推进视频安防设备全面覆盖和升级迭代，结合前端智能分析技术，加强生产场站风险管控。

2. 数据治理和共享效果不佳

原因分析：一是业务主导不足，对业务范围内数据重视程度不够，数据治理缺乏主动性，数字化转型业务需求梳理不足，业务转型没有对数字化技术提出具体要求，转型目标不明确，存在信息部门“单打独斗”的情况。二是分公司数据应用集成顶层建设尚未完成，数据治理标准还在建立，数据集成共享还存在壁垒。

建议措施：一是推进业务科室加强数据标准跟踪，按照“明确一部分、治理一部分”的思路，由局部逐步延伸至全面治理。二是依托双鱼石数据治理项目，开展开发数据治理探索，形成数据治理方法及工具，为下步全面数据治理积累经验。三是结合分公司顶层设计，率先开展开发、运行数据的集成共享，实现重点业务一体化。

（二）未来展望

十四五后三年，以分公司“三个一体化”建设为引导，川西北气矿信息化和数字化转型工作以“油公司”模式改革为核心，始终围绕气矿“4251”高质量发展目标，加快数字化转型智能化发展步伐，率先推动主营业务数字化转型，探索智能气田新发展。以夯实基础、提升认知，小步试点、重点先行为总体思路，优先规划开发、运行、管道、安全等重点业务场景应用，逐步建立新型业务模式、运营模式和组织模式。老区持续完善信息化基础设施，双鱼石、剑阁礁滩新区试点开展数据整合及深化应用、新技术推广等工作，同步做好网络建设、数据治理、人才队伍建设保障，确保数字化转型工作的顺利推进。

其中2023年以实现分公司三个一体化场景落地为目标，结合气矿重点业务需求，发挥转型优势，重点从建设一体化调控中心、打造双鱼石天然气生产过程一体化协同管控示范场景、探索致密气文兴气区智能化低碳开发模式、深化老气田数字化建设、数据治理五个方面推动数字化转型智能化发展，同步完善网络架构，做好运维保障、加强人才队伍建设。未来预期如下：

1.建设气矿一体化调控中心

开展应用系统整合。复用分公司在建“一体化调度指挥平台”成果，集成油气勘探总况、开发生产总况、工程建设总况、生产运行总况、管网运行总况等功能，实现气矿全业务链的主要生产指标的集成展示和生产管控。集成可视化融合指挥调度模块。通过AR/VR、无人机、视频终端，结合人员定位技术，实现远程协作指挥。优化生产数据传输架构。减少数据层级，中心站数据直接传输至调控中心，提高数据上传下达可靠性。

2.打造双鱼石天然气生产过程一体化协同管控示范场景

基于双鱼石区块良好的软硬件基础环境，围绕生产运行、开发、管道三大业务数字化转型，开展应用环境、数据环境、基础设施环境建设，结合数据治理手段，纵向实现“工业控制层”与“应用层”的数据交互、分析与控制互联，横向实现系统之间的数据互联、联合应用。具体将开展基于开发生产“一张图”的应用系统整合、一体化调控平台搭建、管道基础设施完善及数字化管控等工作，促进产运销一体化管控，打造双鱼石天然气生产过程一体化协同管控示范场景。

3. 探索致密气智能化低碳开发模式

2023 年将迎来气矿致密气快速发展，信息化工作重心也将瞄准致密气效益开发。一是探索致密气标准化建设示范场景。以文兴气区开发为试点，根据其开发特点、工艺安全需求、智能化发展方向等方面需求，将通信、自控、数字化交付等专业有机结合、通盘考虑，形成标准方案。根据业务需求形成地层、井筒、地面的数字化交付成果标准，为后续建模提供基础。二是探索致密气“智能化低碳”开发新模式。针对致密气不同开发生产阶段特点、工艺控制需求，采用绿色能源、一体化、低功耗物联网技术，探索边缘技术应用，实现全面感知、自动控制、辅助分析，促进效益开发。

4. 深化老气田数字化建设

老区总体以实现“中心站 + 无人值守”管理模式为目标，经济效益为核心，先算后干，以低成本方式完善基础设施建设。结合工艺优化改造，积极利用低功耗无线、自动开关井等技术完善小产量井、长停井数字化建设，深化输配气场站自动化改造，进一步实现“全面感知”和“自动操控”。开展信息化设备预防性评价，对老旧自控系统、安防等基础设施进行升级迭代，提高设备完整性。

5. 以数据资产化为核心深入开展治理工作

一是开展实时数据治理。以问题为导向持续完善实时数据治理机制，深化应用“生产数据集成整合与智能分析系统”等数据管理、治理工具，对不规范点、坏点、冗余点全面治理，提高实时数据可靠性。二是开发生产数据治理。按照《西南油气田分公司开发业务数据治理实施方案》总体要求，深入开展“实体数据、生产数据、管理数据”三大类开发数据治理。以双鱼石“一张图”数据治理为示范，全面推进开发、管道、设备数据治理，形成数据标准及治理方法。三是设备数据治理。围绕“设备主数据、运行数据、检维修数据、特种设备安全技术档案”四大类数据开展治理，形成“常态化＋专项”治理工作机制，以设备综合管理系统 2.0 为载体，全面开展设备数据治理工作。四是开展二次组态。对气矿生产场站在办公网开展二次组态工作，实现数据的直观展示、规范管理、深化应用。

6. 做好网络基础保障

在网络基础设施方面。一是努力推进气矿光环路建设项目，通过兰成渝大环路保护＋各气田小环路建设，稳步提升网络质量；二是逐年更替网络通信、服务器等老旧设备，保障基础设施可靠性，为远程操控、数字化办公、智能化发展打下坚实基础。

在网络安全方面。持续开展网络安全对标建设，筑牢网络屏障。对标《西南油气田分公司油气生产物联网系统建设规范》《中国石油天然气股份有限公司计算机操作系统安全管理规范（试行）》《石油工业计算机信息系统安全管理规范》《中国石油西南油气田分公司网络安全管理实施细则（试行）》等制度及时匹配项目进行部署改造，持续完善网络安全屏障。

7. 夯实基础运维

一是持续梳理完善重要自控系统、生产信息化系统、生产信息化辅助系统、光通信系统、应用系统现有运维保障模式，细化工作量和考核标准，稳步开展运维保障工作。二是在双鱼石气田试点多专业一体化协同数字运维新模式。由原来的多单位定期到场运维，优化为一个单位多专业驻点运维。按照“油公司”模式改革、提质增效工作要求，以转变工作模式、优化工作流程、提升工作效率、降低工作强度为核心，以“两化深度融合”为抓手，打造多专业一体化协同数字运维的新型能力，实现多专业一体化协同运维，为气矿全面实现低成本高质量发展提供强力支撑。

8. 持续提升全员信息化能力

持续做好“龙门山大讲堂”“送知识”等活动，推动全员信息化能力、意识提升。“引进来、走出去”与清华大学、昆仑数智等科研机构、优秀企业开展技术交流，丰富知识、拓展眼界。“借智借脑”利用好外部资源，发挥好气矿与华为联合实训基地的作用，建立长效培训机制，形成培训成果。

9. 打造油气生产自控测试实验室

建立检测标准与运行机制，系统测试与应用环境，形成专业检测资质等，主要包含以下功能：

自控系统测试：填补自控系统出厂到现场使用验收空白，让所有气矿新建自控系统在工作室进行提前调试验收合格出室。通过硬件建设和制度方案的逐步完善，逐渐成为分公司自控系统测试验收实验室。

网络安全测试：部署与现场一致的工控网络安全测试环境，对各类防护技术评估后再部署到生产工控现场，降低工控网络安全部署的风险，提高防护效果。

人员培训实操：为气矿自控专业人员和仪控操作人员人才培养提供实战练兵场所，通过投产前集成调试、技术比武练兵，提升气矿各级人员信息化自控能力。

第八章　能源企业管理的协同与创新未来展望

当今时代正处于数字化发展阶段，企业管理依然会长时间停留在数字化发展阶段。虽然当前国内能源企业在数字化管理协同创新平台建设中已经取得了一系列重大研究成果和实践成果，但是放眼未来广大企业和有关学者依然有很长的路要走，依然要在技术创新领域不断贡献自己的一份力量。本章内容就针对能源企业数字化协同创新平台的未来发展做出系统性论述，将未来发展趋势加以深入分析的同时，还结合当前已取得的成就提出相关建议和未来发展方向。

第一节　能源企业管理的协同与创新的未来趋势

面对当今全面深化能源行业数字化转型的时代大背景，未来能源企业管理协同创新之路依然任重而道远，其中以技术创新为载体的能源企业管理协同模式的创新固然是主要研究方向。其中，立足技术创新实现能源企业一站式管理、内外部协同、数据安全则是重要目标所在。

一、自定义拓展的全面应用必将满足能源企业一站式办公需求

在传统能源企业生产运行过程中，普遍存在行业信息孤岛和数据壁垒两种现象，数据使用权限和所属权往往集中在龙头企业，而这也导致企业在生产运行过程中，很难根据行业数据有针对性地进行企业战略目标的规划，以及企业生产运行管理，不仅会制约能源企业生产运行效率，企业生产运行的成本和风险也很难得到科学控制。对此，未来能源企业在全面加深数字化转型的道路中，应该依托自身的协同能力，将视频与音频会议、业务流程 BPM、即时通信 IM、考勤打卡、绩效计算等技术应用企业管理协同平台之中，让企业生产运行管理不仅可以保持一体化，更能通过通用化的端口连接至企业管理协同平台，对企业生产运行数据进行统一存储和高度共享，进而形成一种“互联网＋管理”的企业管理新模式，进一步提升企业生产运行与管理的效率。

更重要的是，能源企业协同管理创新要具有持久性，也就是说创新点应该得到不断涌现。其间，能源企业可立足现有的新兴技术，不断进行定制版的管理协同创新平台的研发，从而实现协同管理内容更加系统化、协同管理实现品牌化、协同管理技术运用始终保持灵活性和专项性。由此实现能源企业管理协同创新平台能够适应企业未来发展的切实需要，让协同管理的体验感更强。

二、生产运行模式的进一步转型升级推动能源企业内外部协同

就能源企业而言，产、供、销是企业的命脉，其中“产”和“供”更是企业维持发展命脉的基础所在，所以在能源企业探索可持续发展的道路过程中，各项工作的开展都要以确保高质量的“产”与“供”作为基本前提。信息数据的流转和利用固然成为企业上述两个环节高效率运行的关键所在。其间，数据的采集、传输、处理、存储、控制则是数据

流转与利用的核心要素。虽然当前能源企业在打造协同管理平台中，已经意识到数据流转与利用的重要性，并且也已经通过现有的技术手段努力将其转化为现实，但并未全面形成能源企业生产运行新模式和新业态。

针对于此，能源企业未来的管理协同与创新之路应该发生明显变化，强调通过对新兴技术的深度研发，确保企业内部生产与运行流程能够实现跨界融合，并且管理协同应呈现出内外协同的新特点。这样不仅能源企业管理模式实现创新，同时更能保证生产运行的全流程始终能够根据实际情况做出快速反应，充分展现出企业内部多元服务、共建共享、共治共赢的新局面。

具体而言，能源企业要努力寻求科技创新型技术研发机构，与之建立合作伙伴关系，并且聘请技术型专家团队，针对能源企业数字化转型升级方案不断进行深入研究，探讨新兴技术在全面增强企业管理协同创新的突破口，从而研发出适合企业未来生产运行的数字场景。而且，企业负责人还要善于与行业内部有关企业建立协同桥梁，确保行业数据能够实现互通和共享，进而既可实现能源企业生产运行全过程始终保持平稳运转，又可以保证企业生产运行决策效率的全面提升。

三、混合云存储技术和加密技术的应用必将全面强化能源企业数据安全

从当今时代发展的大趋势来看，数字化转型及不断深化已经成为当今中国产业经济发展的主要潮流，针对能源行业而言，数字化变革则是对传统生产运行模式的彻底颠覆，不仅要求企业既能够对生产运行过程实行有效调度，还要确保资源的高效率使用，更要确保生产运行效率能够实现全程化监控与分析，这样对于大数据和云计算技术固然会提出更高的要求。其间，不仅要做到能够将实时检测数据上传至有关管理部门和岗位工作人员，更要做到能够将数据进行客观而又全面地分析，从而确保企业生产运行的全过程能够保持高度的透明化。

针对于此，未来能源企业管理协同创新平台的建设显然要在数据存储、分析、处理方面不断提升其能力，能够将大体量和多维度数据进行有效存储、分析、处理的同时，还要实现数据可多方共享、可供多方使用、可取得多方信任。与此同时，能源企业还可以通过打造混合云架构的方式，既能实现企业内外协同的成本控制，又能确保企业管理协同的数据安全性，从而打造出高效、智能、流畅、安全的能源企业管理协同创新平台。

第二节　对未来研究和实践的建议

随着中国产业数字化转型步伐的不断加快，各企业在全面建设生产运行数字化管理协同创新平台道路中的需求必然会发生不断变化，而这也意味着在新技术的研发与应用方面将提出更高的要求。对此，面对企业未来的数字化转型，广大学者在进行企业数字化协同管理平台创新研究的过程与实践中，应该继续从技术层面入手，以下笔者就着眼于未来提出三条具体意见。

一、平台操作系统的技术组件要进一步完善

针对能源企业管理协同平台的未来研究而言，应始终将技术创新作为核心，坚定不移地走技术驱动管理协同创新发展之路，由此才能确保企业管理实现高度的内外协同。针对于此，在未来研究的实践道路中，广大学者应高度重视对平台操作系统的技术组件不断加以完善，由此才能确保能源企业生产运行管理全过程达到内外协同的最终目标。其间，技术组件的基本构成应包括业务组件、数据组件、技术组件、政策机制四部分，每部分组件的具体构成如图 8-1 所示：

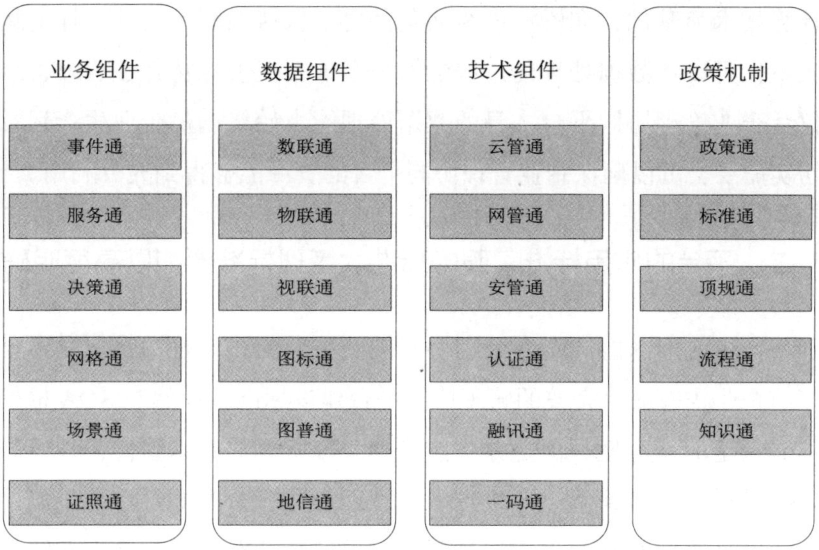

图 8-1　　能源企业数字化管理协同平台操作系统组件构成

在图 8-1 中，明确体现出操作系统在能源企业数字化管理协同平台的建设过程中的底座作用，是全面实现云端解耦、资源共享、生产运行协同、统一纳管、资源混编、弹性扩容，并且确保企业生产运行全过程安全性的基础所在。在不远的将来，能源企业的业务量必然会大幅度增长，现有的管理协同平台的数据处理能力必然会达到饱和状态，随着企业规模的不断扩大和业务量的骤增，企业生产运行管理协同平台显然会难以满足企业发展的需要。因此该图中所呈现的管理协同平台操作系统的技术组件显然能够为企业生产运行管理系统提供扩容新节点，可以让管理协同平台本身的数据处理能力迈向集群化。还需要注意的是，该操作系统的技术组件同样是基于 SOA 框架进行搭建，该框架可以通过服务网关实现在企业内部和外部统一发布，从而为企业生产运行管理的内外协同提供统一标准的服务，并且这些技术组件是通过 kubemetes 平台运行，可以针对数据信息资源进行科学调度，确保各组件运行的载负能够得到及时有效的调整。通过以上观点的论述可以看出，该操作系统是以云计算技术为基础，在资源供给的条件之下保持顺利运行，这样的运行模式不仅可以让数据处理的过程能够根据数据规模保持弹性收缩，从而不仅让企业管理协同平台本身的数据处理能力始终满足企业生产运行管理切实需要，可以确保企业管理协同平台的资源能够得到充分利用。

二、平台的应用标准、服务标准、管理标准要加以高度明确

结合当前国内能源企业管理协同创新平台的建设普遍情况，不难发现当前企业普遍缺少完整的管理协同平台建设标准，虽然在 SOA 框架本身具有一定的兼容性，但是并不能做到兼容所有的技术组件，长此以往必然会导致两个最终后果产生：一是管理协同平台内部子系统难以接入平台，二是数据的利用率无法达到充分保证。针对于此，这也意味着广大学者在今后的研究与实践中，应该将平台的应用标准、服务标准、管理标准作为主要研究对象，力保能源企业管理协同平台不仅具有创新性，更能具备高保障性。

针对应用标准而言，既要做到将数据收集、挖掘、关联性分析作为基础，更要做到平台建设以企业发展和产业发展为基本目标，让智慧化应用能够与平台框架的接入标准保持高度吻合，以此来保障平台内部各自系统之间的数据可以始终保持交换与整合，形成数据交流过程，并且在接口和技术选择上也要有具体的规范化要求，为能源企业生产运行过程中的立项、实施、验收工作的全面开展提供客观依据。针对服务标准而言，广大学者要在组件本身的服务内容设计、服务实施、服务管理、服务安全、服务保障方面给出明确的标准，以此来保障平台内部各服务模块之间能够紧密联系在一起，确保能源企业在生产运行管理工作中，能够切实为整个流程提供高质量服务，管理协同平台本身的服务性也由此得到充分保证。针对管理标准而言，由于管理协同创新平台作为能源企业生产运行全过程高质量运行的统领性办法，贯穿企业生产运行全过

程，因此在管理协同创新平台的建设过程中，必须在数据资源体系、平台体系、应用体系、服务体系方面提出通用管理要求。其间，既要强调每个子系统的模块运行的具体管理职责，同时还要明确其基础保障、实施过程、测评与改进等管理办法和制度，充分保证管理协同创新平台的管理作用和价值实现最大化。

三、确保技术路线的准确性

能源企业在未来管理协同创新平台的建设过程中，应该做到将准确建立技术路线置于首位。其原因在于技术路线其实质就是平台建设的总体实施方案，技术路线高度明确可以让平台建设的可行性得到充分保证。所以，广大学者在未来的能源企业数字化管理协同平台构建路径的研究过程中，应将保证技术路线的准确性视为主要研究方向，可行的技术路线应该由以下四个步骤构成：

第一步：运用 J2EE 技术。从技术优势角度分析，该技术本身可以有效保留能源企业原有的管理系统，并且也支持新管理系统的开发，从而让企业管理协同平台的异构环境能够保持相互兼容，而这也是能源企业管理平台实现高度协同化的根本条件。在通常情况下，该技术由四层结构组成，分别为管理层、Web 层、生产运行逻辑层、企业信息系统。该系统还具备三个明显特征，即：技术组件较多、服务逻辑和架构较为清晰、不同技术层次具有共同的技术标准和技术规格。这样显然可以确保平台内部子系统之间能够保持较好的兼容性。

第二步：选择微服务架构模式。该架构模式最大的优势就是可以将系统应用模块拆分成不同原子级或分子级的功能性模块，而每一个功能性模块都可以称之为微服务，这些微服务可通过统一的端口在企业内部和外部开放。其间，只需要通过服务注册系统和这与开发商进行沟通即可实现在企业内部的开放，并且这些服务可以根据能源企业在生产运行过程中的具体需求进行自动化部署，让不同的数据可以在每个微服务模块中进行有效存储。另外，该架构模式还可以将不同的功能性模块细分成不同的服务模块，由此确保这些模块在维持企业生产运行过程中能够更好地发挥管理作用，让服务型管理过程变得更加细致入微，同时这种框架模式还能对其功能进行有效扩展和收缩。

第三步：运用 JSON 技术。与其他新兴技术相比较，该技术在能源企业管理协同创新平台构建过程中，更有利于实现数据交换格式的有效转换，也就是说运用该技术构建出的企业管理协同创新平台更有利于管理工作的量化，让管理平台中的某一项工作内容转化为数字串，之后则通过平台框架中的程序语言将该数字串传递出去，如果在某个服务模块中需要将数字串进行解释，那么管理协同平台会按照相应的编程语言将该数字串转化为功能模块支持的数据格式，从而确保平台内部各功能模块和各子系统与平台之间能够保持良好的数据沟通和交流。

第四步：应用 Web App 技术。在管理领域，HTML5 技术已经走向成熟，并且已经被广大企业使用，但是随着时代发展步伐的不断加快，该技术必然会得到进一步升级，而这也就是 Web App 技术。该技术在未来的发展中必然会有更多技术优势呈现出来，其中音视频的播放功能中可以将数据进行有效存储。并且，该技术在使用过程中，数据迭代的速度相对较快，既可以为平台其他技术的正常运行提供了理想条件，还能让能源企业生产运行管理过程保持动态化。

第三节　研究的专业性与局限性

在本研究过程中，深刻践行“理论与实践相结合”的研究思想，强调以理论研究为基础，确保研究过程的可行性，并且以实践应用作为根本目标，针对实践应用的路径加以具体论述，并且通过实际案例将应用成果进行充分说明，从而不仅充分体现出本研究的理论价值和实践价值，同时还充分展现出本研究的专业性所在。但是，结合本研究的全过程不难发现，依然还存在一定的局限性需要得到正视，而这些局限性因素显然也是今后广大学者与有关从业人员研究与探索的主要方向所在。在本研究的最后，笔者就针对研究的专业性和局限性做出具体论述。

一、研究的专业性

在本研究中，研究对象和成果的针对性较为突出，集中指向于能源企业生产运行阶段，并未将企业销售和服务阶段的数字化管理协同创新平台建设作为基本组成，这样所取得的研究成果更加倾向于能源生产企业。除此之外，本研究的全过程主要体现在技术应用层面，并且将川西南地区能源生产企业数字化管理协同平台建设与运行的现实情况作为案例，从中明确当前能源企业在数字化管理协同平台建设、应用、创新方面所取得的成果，并且有针对性地提出优化和改进路径，从而赋予本研究较高的实践价值。

另外，在本研究过程中，笔者坚持高度“理论联系实践”的思想，强调实践应用路径研究的同时，还针对能源企业数字化管理协同创新平台构建的时代大背景、理论基础、核心概念进行深入挖掘与解读，高度明确在企业数字化转型时代大背景下，能源企业不断加快数字化管理协同创新平台研发与应用的必要性，同时也反映出本研究的可行性所在。这样本研究的思路则呈现出理论与实践相结合的思路，而这显然也突出了本研究的理论价值。

二、研究的限制性

通过本研究所阐述的观点，可以深刻体会到能源企业数字化转型道路中，管理数字化的意义、作用、价值较为重要，能够对企业未来的可持续发展提供重要保证，同时也是企业实现数字化转型的重要标志。在本研究中，虽然针对产业数字化转型的时代大背景，以及相关理论和数字化管理协同创新平台进行了具体介绍，同时还针对该平台在能源企业中的建设与应用路径进行了论述，并且通过真实的案例将论述观点加以论证，充分体现出本研究的理论和实践价值。但是在两个方面依然存在局限性，需要向广大学者和能源企业管理人员充分指明，由此才能确保本书在能源企业数字化管理实践中的参考与借鉴价值。

研究的局限性一：在能源企业数字化管理协同创新平台建设的新技术方面，所体现的研究内容较少。在本研究过程中，虽然结合协同与创新的理论框架和能源企业数字化管理协同创新平台构建与应用进行了深入探究，并且还以川西南能源企业为案例，将数字化管理协同创新平台的应用成果做出了具体分析，充分表明数字化管理协同创新平台在全面提升能源企业生产运行效率，以及对成本与风险控制方面发挥着重要作用，但是在应用的新兴技术方面论述并不全面，当初依靠本研究成果必然会导致该平台在能源企业中的应用存在局限性。为此这也是广大学者以及能源企业有关从业人员今后研究与探索的主要方向所在。

研究的局限性二：本研究并未对能源企业数字化管理协同创新实现全业务链覆盖。在本研究过程中，主要以能源企业生产运行阶段的管理作为研究对象，将数字化管理协同创新平台的构建与应用进行深入研究，并未包括销售和服务两个阶段，因此也导致本研究并未做到让数字管理协同创新平台覆盖能源企业全业务链，虽然体现出研究的针对性，但同时也说明了研究的局限性所在。对此，这也向广大学者及有关从业人员反映出在未来的理论研究与实践探索的主要方向。

参考文献

[1] 哈肯 . 协同学：自然成功的奥秘 [M]. 上海：上海科普出版社，1988.

[2] 顾君忠 . 计算机支持的协同工作导论 [M]. 北京：清华人学出版社，2002.

[3] H. 哈肯 . 协同理论与应用 [M]. 上海：上海人民出版社，1987.

[4] 李建民 . 人力资本通论 [M]. 上海：上海三联书店，1999.

[5] 陈芳 . 绩效管理 [M]. 深圳市：海天出版社出版，2002：44.

[6] 沃麦克，琼斯 . 精益思想 消灭浪费，创造财富 [M]. 沈希瑾，等译 . 北京：商务印书馆，1999.

[7] 福特 . 缔造福特汽车王国 亨利・福特手记 [M]. 汝敏，译 . 北京：民主与建设出版社，2003．53–56.

[8] 高宇佳 . 数字化背景下供应链企业协同创新的策略选择研究 [D]. 太原：山西财经大学，2022.

[9] 何威 . 协同创新与企业创新绩效的关系研究 [D]. 鞍山：辽宁科技大学，2022.

[10] 刘志强 . 供应链视角下 M 公司协同创新收益分配研究 [D]. 太原：太原科技大学，2021.

[11] 张文杰 . 企业内部协同对创新能力的影响研究 [D]. 天津：天津工业大学，2021.

[12] 黄松 . 企业协同创新网络、双元学习与创新绩效的关系研究 [D]. 济南：山东财经大学，2020.

[13] 肖琳 . 企业协同创新过程中知识互动机制研究 [D]. 南昌：江西财经大学，2019.

[14] 许秀瑞 . 协同创新网络视角下企业管理团队创新能力提升研究 [D]. 青岛：青岛大学，2018.

[15] 周敏 . 新一代信息服务企业内部协同创新机理研究 [D]. 成都：电子科技大学，2015.

[16] 李郑 . 多企业管理协同的研究和应用 [D]. 上海：上海交通大学，2009.

[17] 胡育波 . 企业管理协同效应实现过程的研究 [D]. 武汉：武汉科技大学，2007.

[18] 王进，李萍 . 人力资本参与企业剩余分配的理论探讨 [J]. 经济问题探索，2002（11）：23.

[19] 张保国 .360 度绩效评估的实施与思考 [J]. 中国人力资源开发，2002（5）：44-45.

[20] 张铁男，李晶蕾 . 对多级模糊综合评价方法的应用研究 [J]. 哈尔滨工程大学学报，2002，23（3）：132-135.

[21] 王核成，许水龙 . 管理人员的综合测评方法研究 [J]. 华东经济管理，2001（2）：40-42.

[22] 张鼎昆 . 人类绩效技术及其在企业的应用 [J]. 中国管理科学，2001（2）：53-57.

[23] 石书玲 . 企业家贡献考核指标体系的构建与评价 [J]. 经济与管理研究，

2000（2）：58–61.

[24] 曹希敬，胡维佳 . 熊彼特及其新熊彼特主义学派关于创新：经济周期研究的述评 [J]. 中国科技论坛，2014（11）：20–24.

[25] 邱新华 .“熊彼特创新理论”对中国创新发展的启示 [J]. 对外经贸，2020（7）：106–108，121.

[26] 冯婷 . 从熊彼特创新理论看中国供给侧结构性改革 [J]. 时代金融，2019（3）：83–84.

[27] 孙梁，韦森 . 重温熊彼特的创新驱动经济周期理论 [J]. 济南大学学报（社会科学版），2020，30（4）：5–21.

[28] 杨淼，雷家啸 . 基于熊彼特创新周期理论的科技创新驱动经济增长景气机理研究 [J]. 经济学家，2019（6）：23–32.

[29] 曹希敬，胡维佳 . 熊彼特及其新熊彼特主义学派关于创新 – 经济周期研究的述评 [J]. 中国科技论坛，2014（11）：20–24.

[30] 胡展硕 . 熊彼特理论创新点及中国创新现状：基于熊彼特破坏性创造理论的研究 [J]. 发展研究，2020（2）：95–100.

[31] 柳卸林，高雨辰，丁雪辰 . 寻找创新驱动发展的新理论思维：基于新熊彼特增长理论的思考 [J]. 管理世界，2017（12）：8–19.

[32] 福克斯，翟雨宏 . 从熊彼特到福斯特：创造性破坏理论的潮涨潮落 [J]. 中国经济报告，2017（12）：78–80.

[33] 韩建雨，杨淇岩 . 基于索洛模型的区域经济增长驱动因素实证研究 [J]. 长安大学学报（社会科学版），2020，22（1）：50–57.

[34] 周天勇 . 索洛模型在分析中国经济问题时的困境和改进思路 [J]. 财经问题研究，2019（8）：13–23.

[35] 武志 . 对索洛模型数理逻辑与方法论的批判 [J]. 马克思主义研究，2019

（1）：68-79.

[36] 周绍森，胡德龙 . 保罗·罗默的新增长理论及其在分析中国经济增长因素中的应用 [J]. 南昌大学学报（人文社会科学版），2019，50（4）：71-81.

[37] 潘莉燕，范乐乐 . 我国当前经济增长中存在的问题及对策 [J]. 经营与管理，2017（6）：64-66.

[38] 董君 . 农业产业特征和农村社会特征视角下的农业技术扩散约束机制：对曼斯菲尔德技术扩散理论的思考 [J]. 科技进步与对策，2012，29（10）：65-70.

[39] 孟捷，杨志 . 技术创新与政治经济学的研究对象 [J]. 政治经济学评论，2004（2）：22.

[40] 王亮 . 区域创新系统的内涵及特征研究 [J]. 管理观察，2013（31）：170-172.

[41] 胡恩华，刘洪 . 基于协同创新的集群创新企业与群外环境关系研究 [J]. 科学管理研究，2007（3）：23-26.

[42] 艾晓玉，尹继东 . 协同创新的动态演进机制：基于 CAS 理论的分析框架 [J]. 科技管理研究，2015，35（18）：161-165.

[43] 范群林，邵云飞，尹守军 . 企业内外部协同创新网络形成机制：基于中国东方汽轮机有限公司的案例研究 [J]. 科学研究，2014，32（10）：1569-1579.

[44] 徐磊 . 如何建立有效的界面：关于技术创新界面管理的探讨 [J]. 科研管理，2002（3）：79-83.

[45] 王炳富，樊平军 . 产学研协同创新界面管理及其优化路径 [J]. 中国高教研究，2014（12）：19-22.

[46] 刘磊，孙雁飞，朱金龙 . 我国信息产业协同创新机制研究 [J]. 中国高校科技，2019（6）：90–93.

[47] 白俊红，卞元超 . 政府支持是否促进了产学研协同创新 [J]. 统计研究，2015，32（11）：43–50.

[48] 冯海燕 . 高校与企业产学研合作机制创新研究 [J]. 中国高教研究，2014（8）：74–78.

[49] 刘韬，吴梵，高强，等 . 海洋高技术产业协同创新效率测度及空间优化 [J]. 统计与决策，2021，37（6）：109–112.